Envolvido
pelo amor

Dados Internacionais de Catalogação na Publicação (CIP)
(Câmara Brasileira do Livro, SP, Brasil)

Bodo, Murray
  Envolvido pelo amor : a sabedoria de São Francisco para uma vida plena / Murray Bodo ; tradução de Leonardo A.R.T. dos Santos. – Petrópolis, RJ : Vozes, 2021.

  Título original: Surrounded by love
  ISBN 978-65-5713-130-5

  1. Franciscanismo 2. Francisco de Assis, Santo, 1181 ou 2-1226 3. Vida cristã – Autores católicos I. Título.

21-62695   CDD-271.3

Índices para catálogo sistemático:

1. Franciscanismo : Cristianismo   271.3

Cibele Maria Dias – Bibliotecária – CRB-8/9427

Murray Bodo, OFM

Envolvido pelo amor

A sabedoria de São Francisco para uma vida plena

Tradução de Leonardo A.R.T. dos Santos

© 2018, Murray Bodo, OFM

Tradução realizada a partir do original em inglês intitulado
Surrounded by Love. Seven Teachings from Saint Francis.

Direitos de publicação em língua portuguesa:
2021, Editora Vozes Ltda.
Rua Frei Luís, 100
25689-900 Petrópolis, RJ
www.vozes.com.br
Brasil

Todos os direitos reservados. Nenhuma parte desta obra poderá ser reproduzida ou transmitida por qualquer forma e/ou quaisquer meios (eletrônico ou mecânico, incluindo fotocópia e gravação) ou arquivada em qualquer sistema ou banco de dados sem permissão escrita da editora.

CONSELHO EDITORIAL

Diretor
Gilberto Gonçalves Garcia

Editores
Aline dos Santos Carneiro
Edrian Josué Pasini
Marilac Loraine Oleniki
Welder Lancieri Marchini

Conselheiros
Francisco Morás
Ludovico Garmus
Teobaldo Heidemann
Volney J. Berkenbrock

Secretário executivo
João Batista Kreuch

Diagramação: Sheilandre Desenv. Gráfico
Revisão gráfica: Alessandra Karl
Capa: Ygor Moretti

ISBN 978-65-5713-130-5 (Brasil)
ISBN 978-1-63253-237-4 (Estados Unidos)

Editado conforme o novo acordo ortográfico.

Este livro foi composto e impresso pela Editora Vozes Ltda.

Sumário

Sobre esta tradução, 7
Agradecimentos, 9
Prefácio, 11
Introdução, 15

Primeiro ensinamento – Jesus Cristo é a plenitude da encarnação de Deus, 19
   A sabedoria de São Francisco, 28

Segundo ensinamento – O paradoxo da pobreza evangélica, 31
   A sabedoria de São Francisco, 40

Terceiro ensinamento – Viver o Evangelho, 42
   A sabedoria de São Francisco, 53

Quarto ensinamento – Vai e reconstrói a casa de Deus, 56
   A sabedoria de São Francisco, 65

Quinto ensinamento – Construindo a paz, 67
   A sabedoria de São Francisco, 75

Sexto ensinamento – A casa de Deus é toda criação, 77
   A sabedoria de São Francisco, 95

Sétimo ensinamento – A alegria do humilde louvor e serviço de Deus, 98
   A sabedoria de São Francisco, 111

O ensinamento dos ensinamentos – O amor, 112
   A sabedoria de São Francisco, 124

Apêndice I – Cronologia, 129
Apêndice II – Uma breve vida de São Francisco, 134

Sobre esta tradução

No intuito de aproximar o texto inglês do leitor familiarizado com as fontes franciscanas e de, ao mesmo tempo, facilitar a vida do leitor ainda não versado no vocabulário próprio do franciscanismo, tomou-se o cuidado de, nas várias citações dos textos franciscanos das origens, recorrer à tradução publicada pela Editora Vozes e pela Família Franciscana do Brasil. Com isso, houve também ligeiras alterações em várias passagens no corpo do texto.

São exemplos disso o uso do pronome arcaico "messer" e de "frei" quando o inglês trazia o equivalente "senhor" e "irmão", respectivamente. A nomenclatura usada entre as ordens religiosas varia de país para país e aqui se preferiu seguir mais o uso corrente no Brasil.

Algo análogo se fez com os nomes próprios de pessoas e lugares, o autor recorria com frequência aos nomes italianos. Aqui preferiu-se usar as versões aportuguesadas desses nomes, por exemplo: "Alverne" no lugar de "La Verna"; e "Pedro Bernardone" no lugar de "Pietro Bernardone".

Que os ensinamentos do Pobre de Assis e do mundo inteiro, a despeito das eventuais deficiências deste trabalho de tradução, encontrem terreno fértil no coração de quem lê estas linhas.

O tradutor

Agradecimentos

Eu gostaria de agradecer imensamente as valiosas sugestões dos meus leitores, Judith Emery, Susan Saint Sing, John Feister, e do Terceiro Franciscano no episcopado, o Irmão Willy. Além disso, gostaria de agradecer aos organizadores do 100º aniversário da convocação da Ordem Terceira nas Américas por me pedirem para fazer o discurso de abertura a partir do qual cresceu este livro. E, finalmente, gostaria de agradecer à Diane M. Houdek, minha editora na Franciscan Media, e todos os outros envolvidos na publicação deste livro, especialmente Mark Sullivan pelo *design* e pela capa deste e de outros livros que escrevi ao longo dos anos.

Prefácio

Certa vez, quase oito décadas atrás, quando me senti perdido e confuso em minha adolescência, Jesus me deu São Francisco como irmão e amigo, e comecei a trocar minha própria autoabsorção pela aventura da Santa Missão: a subida do Monte Subásio, em cujo lado oriental Francisco nasceu e viveu sua juventude na armada e murada cidade de Assis. O que eu confundi com uma subida imediata daquela montanha sagrada começou primeiro com uma descida da cidade alta de Assis até a planície abaixo, onde viviam os leprosos[1]. Essa metáfora significava que deveria aprender da maneira mais difícil que temos de viver no mundo real entre aqueles que nem sempre são fáceis de conviver, mas que nos ensinam o que realmente significa amar.

Temos de aprender que viver no alto da montanha das experiências espirituais é um ideal, um sonho, e somente aprendendo a viver em paz com aqueles que não compartilham conosco dos mesmos ideais ou que diferem de nós de outras formas podemos ter esperança de subir a montanha da união com Deus. Foi isso que Francisco teve de fazer antes que pudesse subir a montanha mística do Alverne, numa área de bosques na Toscana, onde rece-

---

1 A palavra "leproso" é mantida neste texto por ser a mais comum nas referências aos textos franciscanos das origens. O termo mais atual seria "hanseniano", que, contudo, não reflete o significado do "leproso" medieval. Pede-se a compreensão do leitor e as sinceras desculpas a quem o uso desse termo possa ferir pelos tantos sofrimentos que os hansenianos passaram com a política segregacionista que marcou o enfrentamento da hanseníase no Brasil [N.T.].

beu os sagrados estigmas de Cristo. E foi o que Jesus fez quando primeiro desceu do céu para viver entre nós e depois subiu ao céu do Monte das Oliveiras. Descer para subir: foi isso que aprendi com São Francisco desde que saí de casa, em tenra idade, para seguir os passos desse homem extraordinário que seguiu os passos de Jesus até hoje, tantos anos depois. Coloquei essa jornada com Francisco em um poema, anos depois de começar com ele o itinerário em Deus.

Francisco mostra como abrimos o céu

Quando eu era menino,
pensava que o céu começasse atrás das estrelas,
suas luzes, buracos na noite que cobriam Deus
como cortinas.
Tinha de haver um puxador secreto que pudesse
abri-las, revelando os aposentos de Deus.
São Francisco dizia que a mão de um inimigo
estava vincada
com códigos que diziam ao garoto mais místico
como abrir o céu brilhante de Deus.
O puxador escondido era a mão do inimigo,
e seus olhos odiosos eram aberturas para a glória.
Mas como eu poderia que labirintos sem luz esses
vincos rastreiam,
ou quanto tempo leva para viajar com facilidade
até que o punho cerrado se abrisse?[2]

E agora, quase setenta anos depois de quando assumi essa missão, eu começo a entender melhor o que aprendi com Francisco. E assim que comecei a escrever, seus ensinamentos emergiram naturalmente em sete, número místico de perfeição, com toda a ressonância religiosa dos sete dias da criação e dos sete dias da recriação como quando Noé envia uma pomba da arca, mas re-

---

[2] BODO, M. *A Far Country Near*: Poems new and Selected. Phoenix: Tau, 2018, p. 280.

torna sem encontrar terra seca sobre a qual repousar. Ele então envia a pomba novamente; e depois de sete dias a pomba volta com uma folha de oliveira recém-arrancada no bico, um sinal de que as águas que cobriram a terra haviam recuado e que a terra estava renovada.

Nos tempos medievais de São Francisco, o número sete possuía um poder sagrado e místico, como nas sete virtudes cardeais, nos sete pecados capitais e, mais importante, nos sete sacramentos. E, no ápice da literatura medieval, a *Divina Comédia* de Dante, há a montanha do purgatório com sete patamares, pela qual os imperfeitos precisam subir para serem purificados dos efeitos do pecado e da culpa antes que possam entrar no paraíso. O próprio Dante não conseguiu subir enquanto não descesse ao inferno pela primeira vez.

Não é de surpreender, portanto, que esses ensinamentos de São Francisco sejam sete em número e fluam um do outro, e todos juntos delineiem uma espiritualidade para o nosso tempo que qualquer um pode aprender a pôr em prática na própria vida, qualquer um que tenha uma atitude de reverência pelos outros, pela Terra e por toda a natureza, e que reconhece a existência de um poder superior que está além do que se pode perceber com os sentidos. Esses sete ensinamentos são um caminho e uma meta; o caminho é a transformação, e a meta, o amor de Deus. É um drama que acaba sendo uma comédia no sentido de que a *Divina Comédia* é uma comédia, a saber, uma história com um final feliz que é a união com Deus para aqueles que fazem a jornada que Deus traçou para nós ao nos criar e ao nos transformar em redimidos de Deus que fomos criados para sermos. É uma jornada do amor através do amor para o amor.

Introdução

Foi a própria proximidade de Deus que o levou às profundezas de seu ser. Ele não estava mais sozinho. Deus estava com ele e com o mundo inteiro. Deus estava nele e Deus estava em toda criatura, e tudo era bênção.

Seu nome era Francisco, filho de Pedro Bernardone, comerciante de tecidos, e de Dona Pica, sua mãe, de origem francesa, e moravam em Assis, na Itália do final do século XII e início do século XIII. Ele era um homem nascido da riqueza, um líder que sonhava com a cavalaria e que foi para a guerra em um cavalo de alta linhagem apenas para ser trazido à terra na derrota e no aprisionamento, sendo marcado com o mesmo destino de inúmeros soldados e prisioneiros de guerra ao longo dos séculos. Alguns dizem que essa foi a marca que hoje chamamos de estresse pós-traumático, uma experiência que afetou Francisco por toda a vida até que, cantando "arrancai-me, Senhor, da Prisão", as palavras do Salmo 142, a oração de Davi em uma caverna, ele entrou na eternidade em elevada de pobreza evangélica e união íntima com Jesus Cristo, seu Senhor e Salvador.

Foi aquele mesmo Jesus que se tornou para ele, e todos os seus seguidores, a proximidade de Deus. Pois Jesus era e é a proximidade de Deus. Ele é Deus e se tornou um de nós, como nós em tudo, menos no pecado. Ele é o mistério da encarnação de Deus, e esse mistério foi aprofundado para Francisco com o conhecimento de que esse Deus encarnado pode tornar-se presente em nós por meio da graça sacramental do mistério da Sagrada Eucaristia, onde comemos o corpo e bebemos o sangue de Cristo, cujo efeito é intensificar a habitação de Deus em nós.

São Francisco não era um teólogo medieval, mas uma figura sapiente, um mestre de sabedoria que usou ditos, histórias e rituais para nos mostrar como podemos permitir que Deus transforme nossas vidas. Nisso, como em tudo o mais, ele seguia os passos de Jesus, que é o mistério da plenitude de Deus entre nós.

A maravilha da Encarnação é o primeiro e central ensinamento que São Francisco nos deixou. E desse núcleo ensinam-se outros seis ensinamentos: *O paradoxo da pobreza evangélica* e como esta nos une a Deus e leva a *viver o Evangelho* em nosso tempo e lugar. Essa vivência do Evangelho leva a como devemos *ir e restaurar a casa de Deus*, e restauramos a casa de Deus *fazendo a paz*. A pacificação leva à compreensão de que *a Casa de Deus é toda a criação*. Todos esses seis primeiros ensinamentos envolvem um descer para subir. Então, na plenitude dos tempos, nosso viver desses ensinamentos é completado na *alegria do humilde louvor e serviço de Deus*, abraçando e servindo todas as criaturas de Deus. Essa alegria, então, acompanha nossa ascensão final em um retorno simbólico ao paraíso. Todos os sete ensinamentos estão enraizados no amor de Deus e, então, adiciono um oitavo capítulo, intitulado *O ensino dos ensinamentos: o amor*.

Esse mapa simples da vida é o motivo pelo qual São Francisco ainda é ouvido e seguido hoje em nosso mundo fragmentado e dividido. O que ele ensina, se vivido, traz a alegria que nasce da união com Deus que vive conosco e dentro de toda a criação. Deus vive na criação, mas também é separado da criação enquanto Criador que existia antes da existência do universo.

Os ensinamentos de São Francisco, então, tornam-se uma teologia e um modo de vida. São uma teologia que emerge das escolhas concretas e práticas que ele fez no esforço de seguir os passos de Jesus, que é *o* mestre e a personificação do que significa viver e amar em Deus.

Como São João diz em sua Primeira Carta: "Quanto a vós, a unção que recebestes de Jesus permanece convosco, e não tendes necessidade de que alguém vos ensine. A sua unção vos ensina tudo, e ela é verdadeira e não mentirosa. Por isso, conforme vos ensinou, permanecei nele" (1Jo 2,27).

É desse Cristo, dessa unção, é que tratam os ensinamentos de São Francisco. Cristo *é* a revelação de Deus. Em um sermão na Festa de São Francisco, em 1255, São Boaventura disse a respeito de seu santo pai Francisco, que ele era um verdadeiro mestre porque aprendeu a verdade da revelação de Deus, dedicou todo o seu coração ao que era ensinado por Cristo e não se esqueceu do que lhe foi ensinado porque colocou em prática tudo o que aprendeu. Assim, no final, os ensinamentos de Francisco são concretizados e tornados visíveis em suas escolhas e em suas práticas, que são o resultado do ouvir e do viver a verdade que lhe foi dada por Cristo.

Este livro tenta explorar essas experiências e escolhas de São Francisco e mostra como estas resultaram em lições que, quando agimos sobre elas hoje, continuam a se desdobrar como contravalências ao negativo e imaturo agir que levou e continua a levar às divisões e ódios que nos separam. Os ensinamentos de São Francisco nos permitem imaginar outro futuro que nos dê esperança; pois esperança é a graça de imaginar um futuro mais positivo, mais amoroso e mais alegre do que o mundo em que ora nos encontramos. Como São Francisco costumava dizer a seus irmãos: "Comecemos, porque até agora pouco ou nada fizemos!"

PRIMEIRO ENSINAMENTO

Jesus Cristo é a plenitude da encarnação de Deus

Quando Francisco era menino, seu pai, Pedro, se ausentava por muitos meses. Ele ia para a França a comprar roupas enquanto Francisco esperava, ia à entrada da cidade, a Porta de São Tiago e lá brincaria com seus amigos. Mas isso era apenas um engano. Na verdade ele ia para aquele lugar na expectativa de seu pai e sua comitiva cavalgando em direção a Assis, as mulas carregadas com pedaços de pano... A espera era longa, mas ele aprendeu a esperar porque o pai sempre voltava.

Mas agora era diferente. Ele estava na prisão, uma masmorra no fundo de um penhasco de uma roca em Perúgia. Meses a fio, ficou ali. Continuou esperando enquanto trabalhava como um escravo carregando pedras. Mas seu pai nunca veio. Dia após dia após dia. As estações mudaram duas vezes antes que percebesse que não estava mais esperando. Algo lhe aconteceu; ele sabia que seu pai não viria. Como Deus, seu pai o abandonou a seu próprio destino.

Começou a ter pesadelos e, nos sonhos, brincava do lado de fora da Porta de São Tiago, em Assis, à espera do pai. Então, de repente, ele o via à distância e começava a acenar e a gritar: "Papai, papai", e os vigias do portão começavam a abrir as grandes por-

19

tas de madeira, e Francisco pulava de alegria, quase incapaz de se conter sem empurrar a porta quando ela começava a se abrir lentamente. E então, finalmente, ele se enfiava no vão entre as portas, e se movia livre com os guardas do portão rindo e ameaçando-o, dizendo que iam derrubar a ponte levadiça sobre ele. Mas ele escapava bem a tempo e começava a correr em direção aos cavalos e aos homens que o saudavam, e então acelerava em uma explosão final de energia alcançando um despertar repentino: estava gritando no escuro da prisão, com seus amigos tentando acalmá-lo. "Calma, Francisco, está tudo bem; é apenas um sonho!" E então recuava contra a pedra fria, sabendo que ainda estava preso. Não havia saída.

E assim começaram as terríveis noites: o tremor, a necessidade de manter as costas contra a parede para poder ver quem estivesse avançando em sua direção para prejudicá-lo. Ele se tornou obsessivamente o seu próprio guardião. Não estava mais seguro. Deus e seu pai não existiam mais; ao menos para ele, não existiam. Francisco experimentava a distância, a indiferença, a rejeição. Estava sozinho, embora rodeado por seus companheiros de prisão. Quando é que também eles se afastariam ou, pior, o atacariam? Ele precisava ser vigilante, dia e noite.

Seu único consolo foi recuar nos devaneios e conectar-se à sua antiga paixão pela cavalaria. Ele se imaginaria vitorioso, o grande cavaleiro que teria se tornado se não tivesse sido capturado e colocado na prisão. Precisava manter vivo o ideal e o código da cavalaria. Ele começou a viver em sua mente e imaginação. Sua imaginação lhe mostraria como não ser derrotado, dando-lhe esperança de que tudo mudaria. Ele podia ver isso com os olhos de sua mente. E isso o alegrou. Ele começou a incentivar seus companheiros de prisão. Novamente, ele tinha esperança, porque podia mais uma vez imaginar que algum dia haveria um castelo, uma dama, uma távola redonda. O Rei Artur o encontraria e substituiria seu pai e seu Deus ausente.

Essa cena imaginária da época de Francisco na prisão define o cenário para seu primeiro ensinamento, a saber, que o Deus Pai aparentemente ausente enviou seu filho a viver entre nós para ser sua presença tangível, a presença de um Deus que pode ser imaginado porque se fez um ser humano como nós, e seu nome era Jesus, aquele que viveu na Palestina mais de mil anos antes de Francisco nascer. E Francisco o conheceu quando mais precisava conhecer a presença de Deus, conhecer o rosto de Deus. E tudo aconteceu quando, finalmente libertado da prisão em Perúgia, retornava a Assis como um homem destruído. Vamos imaginar esta cena:

Eis que foi libertado e lhe disseram que estava livre; podia ir para casa. Ficou ali, imóvel; o sol da Úmbria o cegava e machucava-lhe os olhos acostumados à escuridão. Deu alguns passos e caiu aos pés dos dois criados que seu pai lhe enviara. Eles o levantaram como se ele fosse um saco leve e vazio, e o mais velho disse: "Todos esperam por ti, Francisco, todos, especialmente teu pai Pedro e Dona Pica, sua mãe. Eles te amam e estão cheios de felicidade porque finalmente estás livre da prisão e novamente podes trazer luz ao lar de tua família".

"E onde seria meu lar?", Perguntou Francisco. "Ninguém me procurou, ninguém tentou me libertar. Eu não tenho lar; tenho casa. E voltarei para a casa do meu pai".

Os homens se entreolharam. Francisco não era mais o mesmo. Algo ruim, aquele lugar terrível, o havia mudado. "Vai ficar tudo bem, Francisco. Só precisas descansar. Precisas de tempo", disse o jovem. "Tiveste uma experiência terrível. Eles te torturaram?"

"Não. Mas as correntes sim, e o escuro. Eu estava no escuro a maior parte do tempo. E meus colegas prisioneiros pioraram com suas maledicências, gemidos e clamores durante a noite. Eu tentei animá-los. Cantei para eles. Eu os encorajei a continuar esperando. Mas ninguém de Assis veio nos buscar.

Agora caminhavam, lentamente, tropeçando em direção a dois cavalos amarrados nas proximidades. Parecia longe demais para Francisco, uma jornada impossível. Mas com a ajuda dos braços firmes de sua escolta, chegou ao cavalo que reconheceu como uma de suas montarias favoritas antes de partir para a guerra. E a jovem montaria, um palafrém branco, reconheceu o jovem cavaleiro e começou a relinchar e balançar a cabeça.

Colocou uma mão trêmula no pescoço do cavalo, e o homem mais velho o ergueu no cavalo, depois montou também, pedindo a Francisco que se segurasse em sua cintura. O mais jovem montou o outro cavalo e liderou o caminho, os três caminhando lentamente em direção à cidade de Collestrada, perto de Ponte San Giovanni, na mesma estrada em que Francisco andava com outros soldados assisienses no dia, um ano antes, quando foram feitos prisioneiros por soldados perusinos. Aquele que se imaginava um cavaleiro foi forçado a caminhar sem cavalo e derrotado pelo que ele pensava que seria a morte. E aquela prisão sombria era como a morte.

E agora ele emergira daquela tumba e seguia para um lugar que parecia estranho e ameaçador. Ele teria de agir como seu antigo eu, e sabia que não seria capaz disso. Só queria fechar os olhos e dormir.

E foi assim que finalmente chegou de novo a Assis, com a mãe e o pai rindo e chorando ao mesmo tempo. E não pôde responder, só deu conta de pedir para ser levado para sua cama e que as persianas fossem fechadas. Ele estaria melhor, disse, ao amanhecer.

Mas nada de melhorar. Na verdade, ele piorou. Devem ter sido as dezessete milhas a cavalo, pensou. Só queria dormir, e o fez. Dormiu e teve pesadelos e febre. Podia sentir o gosto do medo todas as manhãs, apesar dos cuidados amorosos de sua mãe e da paciência incomum de seu pai, enquanto esperava que seu filho de outrora saísse vivo e sadio de seu quarto, cheio de seu antigo entusiasmo e de alegria. Ele conferia com frequência a situação de Francisco; Dona Pica trazia-lhe comida, limpava e arejava o quarto. Mas Francisco estava incapaz de interagir com eles, mal conseguia agradecer e pedir que o deixassem repousar. E os dias se arrastavam, semana após semana, mês após mês, até que finalmente ele acordou para uma manhã sem medo, sem medo algum.

Ele sentiu que algo finalmente havia mudado; queria se levantar, para deixar a caverna de seu quarto. Foi até a janela como se estivesse apenas aprendendo a caminhar. Gentilmente abriu as persianas e olhou esperançosamente para os telhados da cidade iluminados pelo sol. Mas nada sentiu. Não havia alegria, nem sentimento de admiração e reverência como antes, como à época em que acordava cheio de antecipação de um novo dia, ansioso por aventura. Agora só podia esquadrinhar a vista e descer mecanicamente as escadas para onde seus pais esperavam, esperançosos, seus sorrisos forçados tentando tirar Francisco de seu torpor.

Ele os beijou sem emoção e perguntou se poderia cavalgar em um dos palafréns de seu pai pelo campo. Era como se estivesse perguntando a seus anfitriões se lhe emprestariam uma de suas montarias.

Seu pai abraçou com entusiasmo o filho. "*Si, si, Francesco!* Pode escolher. São todos seus. Cavalgue, Francisco, cavalgue!"

E assim ele fez, dia após dia. E ficou mais forte. Mas não havia alegria. Talvez, se ele voltasse a cavalo de guerra novamente, sentiria aquele gostinho de aventura. E assim aconteceu.

Ele soube, um dia, que o grande general papal, Walter de Briene, estava montando uma força na Apúlia, e enviou um chamado para que as tropas lutassem pelo exército papal. Para deleite de seu pai, Francisco finalmente respondeu a algo com entusiasmo. Começou a dormir melhor, seus pesadelos pouco a pouco cediam lugar aos sonhos de glória como aquele em que escudos adornados com seu próprio brasão pendiam das paredes de um castelo, enquanto ouvia uma voz dizendo que os escudos eram de fato para Francisco e seus seguidores. Ele decidiu partir para Apúlia assim que seu pai – Pedro já voltara a ser seu pai – pudesse lhe oferecer o cavalo de guerra e a armadura. Ele ainda seria um cavaleiro.

Os primeiros cronistas franciscanos nos contam o que aconteceu a seguir, como Francisco chegou à cidade de Espoleto, a apenas um dia de viagem de Assis, e teve outro sonho, e no sonho ouviu uma voz:

"Francisco, o que é melhor, servir ao senhor ou ao servo?"

"Ora, senhor, ao senhor, é claro."

"Então por que estás a servir o servo? Volta para Assis e te será mostrado o que deves fazer.

E assim, voltando novamente derrotado para Assis, parecendo aos outros um covarde que voltou para casa antes mesmo de chegar ao local da batalha, começou a passear pelo campo, ora caminhando, ora cavalgando. E cavalgava, cavalgava e cavalgava. Cavalgava para acalmar sua ansiedade nervosa, cavalgava para escapar da sensação claustrofóbica da vida dentro dos muros da prisão de Assis, cavalgava procurando alguém na estrada, alguma presença que não falhasse com ele e o deixasse na prisão. Talvez a voz do sonho lhe falasse novamente. Talvez não fosse apenas um sonho real, mas uma desilusão.

E então aconteceu. Um dia, em um de seus passeios intermináveis, ele encontrou um leproso na estrada e puxou o cavalo para o lado para evitar passar muito perto do leproso. Mas quando estava prestes a passar, de repente foi movido a controlar seu cavalo, apear e, superando seu terror e repulsa, caminhar em direção ao leproso. E quando Francisco estava prestes a estender-lhe a mão para oferecer uma moeda, o leproso estendeu a sua própria mão esperando algo. E Francisco deu-lhe dinheiro e um beijo. Sentiu que algo importante havia acontecido nesse encontro. De alguma forma, seu coração mudou e se inundou de alegria. E ele sabia de onde vinha a alegria, porque logo depois foi às casas onde os leprosos moravam e começou a viver entre eles, "fazendo misericórdia para com eles", como ele próprio deixou em seu *Testamento*. Francisco finalmente encontrou Cristo. Conheceu seu rosto. Ele era uma presença que era ausência, uma ausência que era presença. Mas Francisco o viu entre os leprosos, embora ainda não tivesse ouvido sua voz, a não ser que a voz do sonho em Espoleto fosse do próprio Cristo.

E de fato era a voz de Cristo, porque ele a ouviu novamente algum tempo depois, enquanto rezava na capelinha em ruínas de São Damião, do lado de fora dos portões de Assis e a uma curta distância mais abaixo na encosta do Monte Subasio. Ele já havia rezado lá antes, mas tudo era silêncio. Dessa vez, porém, enquanto orava diante do crucifixo bizantino negligenciado que pairava sobre o altar, seus olhos se fixaram na imagem crucificada do Cristo machucado que ele já havia encontrado nos leprosos, de repente a imagem de Cristo começou a falar e era de fato a voz que ouvira no sonho de Espoleto, desta vez com uma nova mensagem: "Francisco, vai e restaura minha casa, que, como vês, está caindo em ruínas".

E houve silêncio novamente, um silêncio rompido somente pelas vozes arranhadas das cigarras do lado de fora, que Francisco não ouviu a princípio, tão absorto estava na voz de Cristo ecoando repetidamente nos corredores de sua memória. Ele havia sido informado, pelo próprio Cristo, do que ele deveria fazer, exatamente como Cristo prometera em Espoleto. Ele recebeu uma tarefa. Não era o que esperava escutar se Deus falasse com ele. Não era como imaginava que seria. Mas foi o suficiente. Ele tocara Deus no leproso e agora ouvira a voz de Deus falar da cruz incrustada de terra de São Damião.

Ele se levantou rapidamente e curvou-se profundamente diante da imagem do Crucificado e fugiu da pequena igreja. Subiu correndo a colina e atravessou os portões da loja do pai, onde pegou um pedaço de pano e, pulando no cavalo, correu para a cidade vizinha de Foligno. Lá, vendeu o pano e o cavalo e caminhou rapidamente de volta a Assis, para a pequena igreja de São Damião, com a intenção de dar o dinheiro ao pobre sacerdote que residia lá e pedir que ele usasse o dinheiro para reparar a igreja, como o próprio Cristo tinha ordenado que fosse feito.

Mas o sacerdote não aceitaria nada disso. Ele temia o pai de Francisco, o rico comerciante de tecidos, Pedro Bernardone; e já ouvira falar daquele filho caprichoso de Bernardone que havia perdido a cabeça e agora assombrava igrejas pobres procurando por Deus. Ele recusou a oferta de dinheiro, que Francisco jogou no parapeito da janela da igreja e subiu correndo a colina até Assis para implorar pedras para consertar a igreja. Enquanto trabalhava, o pobre sacerdote o deixou ficar com ele, pelo menos enquanto perseguia seu esforço louco para consertar a igreja com quaisquer pedras que ele pudesse encontrar ou implorar.

A ausência começava a ser substituída pela presença; o silêncio, pelas vozes. Ou as vozes estavam apenas em sua cabeça? Tanto faz. Elas o levaram a agir, a fazer coisas positivas com sua vida, um padrão que Francisco seguiria a partir de então. Uma vez que conhecia a vontade de Deus, seja por alguma voz mística ou por ouvir as Escrituras, ele imediatamente tentava vivenciá-la. Ele estava cheio do que os teólogos chamavam de "devoção", uma vivacidade em fazer a vontade de Deus.

E foi assim que Francisco começou a mudar. Ele sabia agora que Cristo deve ser encontrado em lugares e pessoas inesperados. Ele experimentara o Deus abstrato na pessoa de Jesus Cristo, que era a encarnação daquele Deus por quem pensava ter sido abandonado. E experimentou esse Jesus nas pessoas mais excluídas e temidas de sua época, os leprosos que, em vez de coisas ruins, lhe trouxeram o maior bem, Jesus Cristo. E eis que ele ouviu a voz desse Cristo. Veio de sua imagem crucificada em uma igreja abandonada. Foi uma voz que lhe deu a tarefa de sua vida: "Vai e restaura minha casa, que, como vês, está caindo em ruínas".

Reparar a estrutura atual, as paredes e o teto da pequena capela de São Damião, era uma tarefa física e uma metáfora da restauração da própria Igreja universal, como ficou evidente quando ele foi a Roma para ter sua forma de vida aprovada pelo Papa Inocêncio III.

Na noite anterior à sua aprovação, o Papa Inocêncio teve um sonho em que viu a igreja romana de São João de Latrão, a igreja mãe de todas as igrejas, ameaçando cair, mas um pequeno mendigo a escorava com o ombro impedindo que caísse.

* * *

A conclusão prática do primeiro ensinamento de São Francisco é que, se ouvirmos e orarmos, Deus nos mostrará o que devemos fazer com nossas vidas. Na vida de Francisco, isso tinha a ver com a intimidade com Deus em seu Filho, Jesus Cristo, a quem Francisco encontrou primeiro nos leprosos e depois na reparação da morada de Deus; primeiro nas igrejas de Deus e depois reparando a comunidade de crentes, o Corpo Místico de Cristo, que é a Igreja. A última reconstrução teve que ver com a reparação dos relacionamentos humanos, nas palavras de Francisco, "fazendo misericórdia" com eles. Deus habita em igrejas como habita na Arca da Aliança. Deus habita nas pessoas assim como Ele se tornou humano em Jesus Cristo. E Deus habita na reunião de crentes, que chamamos Igreja, que é o Corpo Místico de Cristo, a plenitude da Encarnação de Deus.

A SABEDORIA DE SÃO FRANCISCO

E rendemo-vos graças, porque, como vosso filho nos criastes do mesmo modo, pelo Santo amor com que nós amastes o fizestes nascer como verdadeiro Deus e verdadeiro homem da gloriosa sempre virgem, a beatíssima Santa Maria...

Regra não bulada, XXIII

Somos mães de nosso Senhor Jesus Cristo quando o trazemos em nossos corações e em nossos corpos, com amor e com uma consciência pura e sincera, e damo-lo à luz por santa operação de sua graça em nós, que deve brilhar como exemplo para os outros.

Carta a Todos os Fiéis, segunda recensão

Somos seus cônjuges quando nossas almas fiéis se unem com Jesus Cristo pelo Espírito Santo. Somos seus irmãos e irmãs quando fazemos a vontade de seu Pai que está no céu.

Carta a Todos os Fiéis, segunda recensão

Esta Palavra do Pai foi tão digna, tão santa e tão gloriosa, o altíssimo Pai a enviou do céu por meio de seu santo anjo Gabriel ao útero da santa e gloriosa Virgem Maria, de cujo útero recebeu a verdadeira carne da nossa humanidade e fragilidade. Ele sendo rico (2Cor 8,9) acima de todas as coisas, quis neste mundo, com a beatíssima Virgem, sua Mãe, escolher a pobreza.

Carta a Todos os Fiéis, segunda recensão

Francisco celebrava com inefável alegria, mais do que as outras solenidades, o Natal do menino Jesus afirmando que é a festa das festas em que Deus, tornando-se criança pequenina, dependeu de peitos humanos beijava em famélica meditação as imagens daqueles membros infantis e a compaixão pelo menino, derretida em seu coração, fazia ou até mesmo balbuciar palavras de doçura à moda das crianças. E este nome era para ele como o mel e o favo na boca.

Tomás de Celano, *Segunda vida de São Francisco*, 199

Se eu pudesse falar com o imperador suplicar-lhe-ia e convencê-lo-ia a, por amor a Deus e a mim, fazer uma lei especial, decretando que nenhum homem capture ou mate as irmãs cotovias nem lhes faça algum mal. Da mesma forma que todos os governantes da cidade se os senhores dos castelos e das vilas sejam obrigados a, cada ano, no dia do Natal do senhor, impor que os homens espalhem trigo e outros grãos pelas estradas fora das cidades e dos castelos para que as irmãs cotovias e também as outras aves tenham o que comer nesse dia tão solene e que por respeito ao filho de Deus, a quem nessa noite a beatíssima Virgem Maria reclinou num presépio entre o boi e o asno, quem tiver um boi ou um asno seja obrigado, nessa noite, a provê-los abundantemente com a melhor forragem. do mesmo modo neste dia de todos os pobres devam ser saciados pelos ricos com bons alimentos.

Espelho da perfeição, 114

Um Salmo de Natal de São Francisco
– Exultai no Senhor, nosso auxílio, *
com voz de exultação aclamai ao Senhor Deus vivo e verdadeiro.
– Pois o Senhor é excelso, terrível, *
grande Rei sobre toda a terra.

= Pois o Santíssimo Pai do céu, nosso Rei antes dos séculos,†
enviou do alto seu dileto Filho*
e este nasceu da bem-aventurada Virgem Santa Maria.
– Ele me invocou: Tu és o meu Pai, *
e eu o constituirei como primogênito, excelso dentre os reis da terra.
– Naquele dia, o Senhor enviou sua misericórdia *
e de noite seu cântico.
– Este é o dia que o Senhor fez, *
exultemos e alegremo-nos nele.
= Porque um Menino santíssimo e dileto nos foi dado †
e nasceu por nós no caminho e foi colocado no presépio, *
porque ele não tinha um lugar na hospedaria.

Ofício da Paixão

Pasme o homem todo, estremeça o mundo inteiro, e exulte o céu, quando sobre o altar, nas mãos do sacerdote, está o Cristo, o Filho de Deus vivo! Ó admirável grandeza e estupenda dignidade! Ó sublime humildade! Ó humildade sublime: o Senhor do universo, Deus e Filho de Deus, tanto se humilha a ponto de esconder-se, pela nossa salvação, sob a módica forma de pão! Vede, irmãos, a humildade de Deus e derramai diante dele os vossos corações; humilhai-vos também vós, para serdes exaltados por ele. Nada, pois, de vós retenhais para vós, para que vos receba a todos por inteiro Aquele que se vos dá todo inteiro.

Carta a toda a ordem, 26-29

Segundo ensinamento

O paradoxo da pobreza evangélica

O segundo ensinamento de São Francisco é que encontramos Deus quando nos tornamos pobres o suficiente para que Deus nos encontre. Pois Deus é um Deus humilde, tão impotente quanto alguém que pende de uma cruz, mãos e pés pregados, incapaz de atacar ou revidar. E nessa humilde pobreza do Deus aparentemente sem poder está o maior poder de todos, o mistério "do poder sem poder" do Divino para transformar todas as coisas, incluindo o rebelde coração humano.

Geralmente, quando as pessoas pensam em São Francisco, elas têm em mente o santo dos animais, o santo das estátuas de jardim para banho de pássaro; ou pensam em um pobre mendigo que renunciou à riqueza e ao poder para viver uma vida de pobreza evangélica. São imagens verdadeiras, mas aqui é recorro à imagem da pobreza de São Francisco que recorro para iluminar a imaginação.

Ele se sentia tão jovem, tão inexperiente nos caminhos de Deus com os seres humanos. Precisava da orientação da Palavra de Deus. Precisava ouvir o Santo Evangelho lido na missa. Ansiava pela Palavra de Deus, assim como ansiava pela Sagrada Eucaristia. Era isso que o mantivera vivo; que lhe nutria alma.

E assim ele vagou pelos campos, visitou igrejas abandonadas, assistindo sempre que podia à Santa Missa; e reparou São

Damião e duas outras igrejas, incluindo a pequena capela de Santa Maria dos Anjos, na planície abaixo de Assis. E sucedeu que Francisco, um dia, nessa mesma Igreja de Santa Maria dos Anjos, na missa festiva do Apóstolo São Matias, ao ouvir as palavras do Evangelho do dia sentiu como que uma espada flamejante que lhe penetrava as profundezas de seu ser. Ele perdeu toda a consciência de qualquer outra coisa, exceto a doce dor da ressonância das palavras em seu coração. Na história contida naquelas palavras, Cristo enviava seus discípulos para pregar, e lhes dizia como deveriam seguir os caminhos de suas missões de pregação. Eles não deveriam levar ouro ou prata nos cintos, nem um alforje para a jornada. Não deveriam ter duas túnicas, nem sapatos, nem auxiliares.

Se já não estivesse de pé, Francisco teria se levantado e proclamado em voz alta: "É isso que eu quero, é isso que desejo de todo o coração!"

E esse foi o começo da forma de vida que Francisco adotou, uma vida pobre, uma vida apostólica, de enviado de Cristo para seguir pelas estradas do mundo a pregar o Evangelho, carregando a menor bagagem possível. Era esse o modo de vida de Francisco quando seu primeiro companheiro, o cidadão rico e respeitado de Assis, Bernardo de Quintavalle, veio a Francisco e pedindo para se juntar a ele na vida consagrada a Deus.

Em resposta à pergunta de Bernardo sobre o que ele deveria fazer para se juntar a Francisco, Francisco fez o que continuou fazendo pelo resto da vida: Ele se voltou para o livro dos Evangelhos para ouvir o que Cristo tinha a dizer. E foi isso que Francisco e Bernardo encontraram no Evangelho quando foram à Igreja de São Nicolau em Assis e oraram para que Deus os esclarecesse. Com a orientação do sacerdote, abriram o livro três vezes e, na primeira, o texto que Cristo lhes deu foi: "Se desejas ser perfeito, vai e vende tudo o que tens e dá aos pobres". Fecharam o livro com alegria e o abriram uma segunda vez, vieram estas palavras: "Não leveis nada pelo caminho". Com o coração inflamado, abriram o livro pela última vez e ouviram Cristo lhes dizer as palavras que completavam as admoestações anteriores: "Se queres me seguir, renuncia ti mesmo, toma tua cruz e segue-me". Com grande alegria, Francisco se voltou para Bernardo e disse: "Esta é a nossa vida e regra". Ambos foram, então, à fonte na Piazza del Comune [praça da comuna] de Assis e doaram todos os pertences de Bernardo aos pobres. E esse foi o começo do que hoje chamamos de "pobreza franciscana".

Francisco e Bernardo fizeram o que todos os franciscanos depois deles tentaram fazer, franciscanas e franciscanos de todas as três ordens que São Francisco fundou: os frades, as clarissas e os franciscanos seculares que professam a regra e a vida franciscana dada a Francisco e Bernardo na Igreja de São Nicolau em Assis. É um modo de vida baseado no que fez o próprio Jesus.

É um modo de vida na imitação de Jesus, o Deus humilde, que, nas palavras de Paulo aos Filipenses, embora fosse de condição divina, não se apegou à sua divindade, mas esvaziou-se tornando-se obediente a Deus e aos seres humanos, obediente até a Deus e morte numa cruz (cf. Fl 2,6-8). Os franciscanos tratam do autoesvaziamento, imitando o autoesvaziamento, a quênose de Jesus Cristo.

Para Francisco e Bernardo, esse autoesvaziamento começou quando se despojaram da riqueza, pois ambos eram homens ricos. Tinham tudo o que deveria fazer alguém feliz, mas não estavam felizes. Estavam preenchidos demais pelo próprio ego e pelas posses para poderem receber as riquezas de Cristo. Tiveram de se esvaziar, abrir o espaço suficiente para que o Deus humilde entrasse e preenchesse seu vazio.

E hoje todo aquele que procura ser franciscano, de uma maneira ou de outra, faz a si próprio duas perguntas. Primeiro: "O que eu estou retendo com tanto esforço a ponto de impedir que o Deus Humilde encontre um espaço dentro de mim?" E segundo: "O que fez São Francisco e por que ele o fez?"

Creio que a resposta para essas duas perguntas remonta ao início da conversão de Francisco, quando seu pai reagiu à sua passagem pelas ruas de Assis implorando pedras para reparar a pequena Igreja de São Damião. Quando Francisco não cessou o que seu pai considerava um comportamento vergonhoso e aberrante, Pedro o retirou em casa e o aprisionou, como fizeram os perusinos.

Poucos castigos poderiam ser mais traumáticos. Estava novamente aterrorizado; não podia escapar do pequeno espaço claustrofóbico dentro de sua própria casa. Sua mãe, Dona Pica, trazia-lhe comida e água; e, quando Pedro partiu para outra viagem em busca de tecidos, ela desencadeou e libertou seu filho Francisco, que fugiu imediatamente para São Damião para continuar seu trabalho na igreja.

Para Pedro, essa foi a gota d'água e, quando ele voltou, convocou Francisco perante as autoridades civis, para que pudessem julgar suas queixas contra o filho rebelde. Mas Francisco recusou-se a comparecer, dizendo que agora estava sob a jurisdição da Igreja e, portanto, só compareceria diante do bispo. E foi isso que aconteceu.

E foi assim que, perante a corte do bispo, Pedro Bernardone exigiu de Francisco que lhe devolvesse o dinheiro e os bens que por direito lhe pertenciam. Então, em uma cena celebrada na arte e na literatura, Francisco devolveu não apenas o dinheiro de seu pai; mas, despindo-se de suas roupas, colocou-as aos pés de seu pai comerciante de tecidos. Tendo sua nudez coberta pelo bispo, Francisco disse a seu pai para todos ouvirem: "Até agora chamei-te pai na Terra; doravante poderei dizer com segurança: 'Pai Nosso que estais no Céu', pois foi a Ele que confiei o meu tesouro e entreguei a minha fé" (LM, 2).

Francisco havia renunciado a seu pai, a seu patrimônio e abraçado a Deus como tudo. Foi esse ato chocante e radical que deu o tom ao modo como Francisco seguiu o Cristo pobre, que se esvaziou de sua condição divina para habitar entre nós e nos amar. A diferença entre o esvaziamento do Cristo e o de Francisco foi que Cristo foi enviado pelo Pai e era um com o Pai enquanto Francisco rejeitou seu próprio pai e escolheu abraçar o Pai de Cristo como seu pai.

Esse foi o momento crucial em que Francisco deixou o mundo, sendo o mundo os valores de seu pai e da cidade que o deu à luz. E partiu descendo para os leprosos e para todas as pessoas marginalizadas e rejeitadas que vivem fora e abaixo dos muros da riqueza, do privilégio e autoimportância. Ele estava fazendo o que Cristo fizera, rebaixando-se para ressuscitar, inclusive da própria morte.

Esse é o coração da pobreza franciscana, o autoesvaziamento, essa quênose semelhante ao autoesvaziamento do Cristo na Encarnação.

Tendo aprendido da quênose do Cristo, foi parar entre os leprosos. Seu resumo mais pessoal e intenso deste tempo extraordinário e revelador de sua vida aparece na primeira seção de seu *Testamento*.

Ele diz:
> Como estivesse em pecado parecia-me deveras insuportável olhar para leprosos. E o Senhor mesmo me conduziu entre eles e eu fiz misericórdia para com eles. E enquanto me retirava deles, justamente o que antes me parecia amargo se me converteu em doçura da alma e do corpo.

O *Testamento* foi escrito em seus últimos dias – Francisco morreu aos 3 de outubro de 1226. Trata-se de uma carta de reminiscências, uma série de exortações – como a que acabamos de citar – e mandamentos para seus irmãos e um apelo à pobreza, uma vez que a Ordem, que antes não possuía qualquer prédio ou igreja própria, passou a possuí-los, algo que, para Francisco, não estava de acordo com a pobreza prometida na Regra. Ele enfatiza que, mesmo em habitações pobres e igrejas modestas, os frades devem agir como hóspedes, sempre como os peregrinos e estrangeiros que são.

As admoestações, como as aqui apresentadas, revelam quais eram suas preocupações desde o retorno do Egito e a Quinta Cruzada em 1219 e a convocação de um capítulo de emergência da ordem em 1220, seis anos antes de seu *Testamento*, um título que também poderia significa "aliança", ou seja, a aliança dos irmãos com Deus quando eles fizeram seus votos.

Ele está preocupado com as construções, porque enquanto estava na Terra Santa, alguns irmãos começaram a liderar a ordem em uma direção que Francisco via como uma traição à pobreza do Evangelho e à simplicidade da visão original que Deus havia lhe dado. Francisco ouviu falar desse desenvolvimento quando ainda estava no Egito. Um dos irmãos fora até lá para alertá-lo a respeito do que estava acontecendo durante sua ausência, e Francisco voltou com o irmão-mensageiro para a Itália, onde desembarcaram em Veneza. Depois, seguiram para Bolonha, onde Francisco evitou a nova casa de estudos que os irmãos haviam construído.

No ano seguinte, no capítulo dos frades em Assis, Francisco falou vigorosamente contra os que estavam abandonando o carisma original da ordem e imediatamente renunciou ao cargo de ministro e servo de todos os irmãos. O Cardeal Hugolino, o protetor da ordem e que mais tarde se tornaria o Papa Gregório IX, estava presente; e alguns dos irmãos que tinham mais estudo pediram ao cardeal que tentasse persuadir Francisco a seguir seus conselhos a respeito da direção futura da ordem, o que tornaria sua regra mais intimamente alinhada às grandes regras e práticas já existentes na Igreja.

Francisco ouviu, tomou o Cardeal Hugolino pela mão e o levou diante dos irmãos reunidos. Francisco pronunciou, então, as palavras que estão no centro de todos os seus ensinamentos:

> "Irmãos meus, Irmãos meus, o Senhor me convidou a seguir a via da humildade e mostrou-me o caminho da simplicidade. Não quero que me faleis em outra Regra: nem de Santo Agostinho, nem de São Bento, nem de São Bernardo. O Senhor me disse que queria fazer de mim um novo louco no mundo, e não quer conduzir-nos por outro caminho senão por esta sabedoria. Pela vossa ciência e sabedoria, Ele vos confundirá. Confio nos Seus esbirros, pela mão dos quais vos castigará e reconduzirá
> ao vosso primitivo estado, quer queirais quer não".
> O Senhor Cardeal ficou estupefato e calado; e os frades, todos cheios de medo[3].

Começaram a girar em torno dessas palavras de São Francisco as controvérsias da ordem que ele fundou, não apenas em torno da interpretação da regra franciscana, especialmente no que diz respeito à pobreza, mas também em torno do próprio São Francisco. Quem era ele? Como seria uma história precisa e verdadeira de sua vida? Essas controvérsias tornaram-se tão intensas nos últimos anos do século XIII que São Boaventura, à época o sucessor de São Francisco como líder da ordem, e o capítulo da própria ordem tiveram de redigir um novo conjunto de constituições para interpretar e viver a regra franciscana. O próprio São Boaventura

---

3 *Legenda Perusina,* 114; *Omnibus,* 1088.

foi encarregado pelo capítulo para escrever uma vida definitiva de São Francisco que suplantasse todas as *Vidas* anteriores; algo que ele cumpriu fielmente, usando as fontes existentes, especialmente as duas *Vidas* de Frei Tomás de Celano e os testemunhos dos primeiros irmãos que, com o tempo, levaram os nomes de Leão, Ângelo e Rufino, embora outros irmãos também tenham prestado seu testemunho.

Toda essa agitação de atividade foi empreendida para conferir algum tipo de unidade à Ordem Franciscana e um relato confiável da vida e dos escritos de seu fundador, São Francisco. Mas, como ocorre no próprio cristianismo, diferentes leituras da vida, dos escritos e das mensagens de seu fundador persistem em nosso próprio tempo.

Infelizmente para os franciscanos, essas leituras díspares contribuíram para séculos de controvérsia sobre o significado e a prática da pobreza que os irmãos professam viver. Digo "infelizmente", porque a pobreza em si não é o centro da identidade franciscana. Jesus Cristo é o centro; e é ao apegar-se a Ele e ao seu Evangelho como foi ouvido e vivido por São Francisco como nosso guia e ideal que crescemos em santidade e amor. Não importa qual interpretação esteja em voga ou quem esteja narrando a história de São Francisco, o que importa é se nossa vida com os ensinamentos e o exemplo de São Francisco nos aproxima ou não de Cristo e do amor de Deus. Há fé, esperança e amor, aconselha São Paulo, mas o mais o maior é o amor, o amor que chamamos de caridade.

E, quanto à pobreza, parece que nosso foco não deve estar nas coisas, sejam materiais ou espirituais, e se as temos ou não, mas se devemos ou não nos apropriar delas quando são, de fato, dons de Deus. Francisco usa o termo *appropriatio*, "apropriação", que é a essência de alguém ter ou não o espírito de pobreza evangélica. A apropriação não é mensurável como o são a propriedade ou o dinheiro. É uma questão de coração, mente e alma. Eu me aproprio do que pertence a Deus? "Meu talento, minha mente, meu convento, minhas opiniões, meu carro, meu dinheiro, meu, meu, meu..." E se eu me aproprio dessas coisas, com que firmeza eu as retenho? Será separado do que eu me apego para me trazer morte ou vida?

A separação das coisas do mundo trouxe vida a São Francisco, mas também fez dele um novo tipo de tolo. Dizemos para nós mesmos: "Ninguém leva ao extremo as coisas que São Francisco fez. É uma loucura, é tolice. A dele era realmente uma graça especial". E, é claro, foi uma graça única. Mas, como Francisco disse a seus irmãos no final de sua vida: "Eu fiz a minha parte, que o Senhor vos ensine a fazer a vossa". E o Senhor realmente o mostra aos que se abrem à sua graça. Nossa resposta individual é única, mas se também pertencemos a uma ordem religiosa, como os franciscanos, será também uma resposta comunitária, e nos esforçamos para encontrar um ponto em comum de resposta em que todos possamos concordar. Essa luta é onde a caridade e o amor entram e, esperançosamente, prevalecem sobre as diferenças.

Para aqueles que não são membros das ordens fundadas por São Francisco, os franciscanos tentam ser exemplos de vidas frugais e precárias de serviço aos outros, tanto ricos quanto pobres. E os franciscanos tentam lembrar aos pobres, material e espiritualmente, e levar-lhes Cristo e seu Evangelho. E se esforçam para fazer isso como irmãos e/ou irmãs que adotaram a Vida e a Regra que Francisco de Assis nos deu como nosso caminho para uma vida plenamente centrada em Deus.

A SABEDORIA DE SÃO FRANCISCO

Na verdade, o Senhor se comprazia na pobreza, e especialmente naquela que é mendicidade voluntária, e eu considero dignidade régia e insigne nobreza seguir aquele Senhor que, sendo rico, por nós se fez pobre.

Tomás de Celano, *Segunda vida*, 73

Jamais fui ladrão de esmolas, pedindo-as ou usando-as além da necessidade. Sempre aceitei menos do que necessitava para que os outros pobres não fossem lesados em sua parte; pois agir de outra maneira seria cometer um furto.

Espelho da perfeição, 12

Quanto mais os irmãos se desviarem da pobreza, tanto mais o mundo se desviará deles e eles buscarão e não encontrarão. Mas se tiverem abraçado a minha Senhora Pobreza o mundo os nutrirá porque eles foram dados para a salvação do mundo.

Tomás de Celano, *Segunda vida de São Francisco*, 70

Na alegoria medieval, *Sacrum Commercium*, São Francisco se dirige à Senhora Pobreza, a Noiva de Cristo:
Tu, porém, esposa fidelíssima, amante dulcíssima, nem por um momento te afastaste dele, pelo contrário, no momento em que mais vias que Ele era desprezado por todos, mais te apegavas a Ele. Pois, se não estivesses com Ele, nunca poderia ser assim tão desprezado por todos.
Estavas com Ele nas zombarias dos judeus, nos insultos dos fariseus, nas acusações dos príncipes dos sacerdotes; estavas com Ele nas bofetadas, nas cusparadas e nos flagelos. Devendo ser reverenciado por todos, Ele era por todos ultrajado; somente tu o consolavas.

Não o abandonaste até a morte e morte de Cruz. E na própria Cruz, estando já desnudado o corpo, estendidos os braços, transpassados mãos e pés, tu sofrias com Ele, de modo que nada nele se manifestasse mais glorioso do que tu. Em seguida, quando partiu ao céu, deixou-te o sinete do Reino dos céus que haverá de assinalar os eleitos, de modo que todo aquele que suspirar pelo Reino eterno venha procurar-te, pedir-te e entrar por intermédio de ti, pois ninguém pode entrar no Reino se não for assinalado pelo teu sinete.

Sacrum Commercium, 6, 9-14

O bispo de Assis disse uma vez a São Francisco: "Parece-me muito dura e rigorosa vossa vida de nada possuir nem ter neste mundo". Ao que São Francisco respondeu: "Senhor se tivermos qualquer propriedade, ser-nos-ão necessárias armas para protegê-las"

Anônimo Perusino, 3,17

Comes da árvore da ciência do bem quando te aproprias de tua vontade e te exaltas dos bens que o Senhor diz e opera em ti.

Cf. *Admoestações*, 2

Terceiro ensinamento

Viver o Evangelho

> *Assim como nós perdoamos aos nossos devedores: E o que não perdoamos plenamente, fazei, Senhor, que plenamente perdoemos, a fim de que, por amor a Vós, amemos verdadeiramente os inimigos, e intercedamos devotamente por eles junto a vós, a ninguém retribuindo mal com mal, e que nos esforcemos para, em Vós, sermos úteis em tudo.*
>
> São Francisco, *Paráfrase ao Pai-nosso*

Nos escritos e em suas primeiras biografias, São Francisco emerge como uma pessoa formada e informada pelo Evangelho de Jesus Cristo. O que isso significa? Como podemos começar a viver o Evangelho, como ele, em nosso próprio tempo? Ficamos encantados com a alegria de Francisco e com sua alegre resposta à beleza e à bondade; mas, como nós, ele também precisou enfrentar as questões mais difíceis colocadas pelos evangelhos. São as implicações dessas questões que eu gostaria de explorar neste capítulo sobre viver o Evangelho hoje.

Em uma noite fria de janeiro, quando o mundo parecia jazer em trevas, sentei-me durante um longo dia e sintonizei no C-Span2, no programa BookTV[4]. Um dos livros que despertou meu interesse foi *The Cross and the Lynching Tree* [A cruz e a árvore do linchamento], de James H. Cone. Eu nunca tinha ouvido falar disso e, enquanto se discutia sobre o livro, algo me despertou e vi como estava vazio o Natal em que participei algumas semanas antes. Embora eu estivesse centrado no Menino Jesus e na ênfase franciscana na Encarnação, foi um sentimental Menino Jesus que preencheu minha oração e minha imaginação – não foi o Menino que cresceu e amadureceu e nos deixou um sermão com aquilo que Ele próprio viveu, o Sermão da Montanha, e que justamente por causa disso foi morto pendendo do lenho da cruz. Eu contemplava o Menino Jesus de inúmeras creches mas não as crianças que foram mortas pelo Rei Herodes por causa do Menino Jesus.

O Natal que eu celebrei foi no meio de um comercialismo frenético igualado apenas pelo desespero de tantos que perderam casas, empregos e dignidade em apoio a um governo imperfeito e corrompido por dinheiro que insiste em apoiar um império corporativo muitas vezes egoísta e corrupto que controla o mundo. As implicações das conexões entre o Jesus da manjedoura e o Jesus da cruz, como alguém pendente de uma árvore, são ofuscadas e parecem, às vezes, quase erradicadas pelo mundo que nossa ganância, autointeresse e negligência dos empobrecidos e marginalizados criaram.

São Francisco viu a conexão entre a manjedoura e a cruz. Frei Tomás de Celano, em sua Primeira Vida em São Francisco, falou sobre o presépio natalino iniciado por Francisco perto da cidade de Grécio, no centro da Itália:

> Sua maior intenção, seu desejo principal e plano supremo, era observar o Evangelho em tudo e por

---

4 Book TV é um programa da rede a cabo americana C-SPAN2. Com 48 horas de duração, o programa é focado em livros e autores de não ficção, com entrevistas e cobertura ao vivo de eventos livreiros de todo o país [N.T.].

tudo, imitando com perfeição, atenção, esforço, dedicação e fervor, "os passos de Nosso Senhor Jesus Cristo no seguimento de sua doutrina". Estava sempre meditando em suas palavras e recordava seus atos com muita inteligência.

Gostava tanto de lembrar *a humildade de sua encarnação e o amor de sua paixão*, que nem queria pensar em outras coisas [itálicos meus] (1Cel XXX, 80).

E então nos perguntamos, o que deve ser feito, o que podemos fazer para trazer o Cristo do Evangelho de volta ao Natal de uma maneira que seja mais do que uma frase de para-choque que acaba por ser motivo de disputa política? Como podemos trazer o Cristo do Evangelho de volta às nossas vidas diárias, para que realmente vivamos os ensinamentos do Evangelho em que conhecemos a história de Cristo?

Na citação acima, o Frei Tomás diz que a "maior intenção, o desejo principal e plano supremo [de Francisco] era observar o Evangelho..." E esse mesmo Evangelho enfatiza repetidamente o imperativo de alcançar aqueles que, como o homem da parábola do bom samaritano, caíram entre ladrões, o que, por sua vez, lembra a rapidez daquelas forças e estruturas que controlam nossa economia e dos muitos que são deixados de lado. Como, então, hoje podemos chegar também aos caídos e aos ladrões?

São João Evangelista nos diz que a verdade nos libertará. Mas o que isso significa? São Francisco encontrou a verdade que leva à liberdade nas verdades do Evangelho, e a liberdade que encontrou foi a liberdade de amar. A verdade de Deus nos concede a liberdade não apenas de compreender a verdade que está sendo comunicada, mas também a liberdade do que anteriormente nos impedia de agir de acordo com essa verdade. O próprio Evangelho nos mostrará não apenas como devemos discernir a verdade, mas como a verdade leva à ação que chamamos de amor.

Pois, desde o início de sua conversão, Francisco aprendeu e nos ensina que ouvir a verdade e dizer a verdade não são suficientes. Palavras nunca são suficientes. Como São João afirma mais adiante em sua Primeira Carta:

> Se alguém possui riquezas neste mundo e vê o seu irmão passar necessidade, mas diante dele fecha o seu coração, como pode o amor de Deus permanecer nele? O mandamento, a consciência e o Espírito. Filhinhos, não amemos só com palavras e de boca, mas com ações e de verdade! Aí está o critério para saber que somos da verdade; e com isto tranquilizaremos na presença dele o nosso coração (1Jo 3,17-19).

Há uma história encantadora na Primeira Vida de São Francisco de Tomás de Celano que ilustra o cuidado de São Francisco para com os pobres.

> E aconteceu que a mãe de dois frades veio uma vez ao santo, pedindo esmola com toda confiança. Compadecido dela, o santo pai disse a seu vigário Frei Pedro Cattani: "Temos alguma esmola para dar a nossa mãe?" Porque chamava de mãe sua e de todos os frades quem fosse mãe de algum frade. Frei Pedro respondeu: "Não há mais nada em casa, que lhe possamos dar". E acrescentou: "Só temos o Novo Testamento, onde, como não temos breviário, lemos as lições das Matinas". São Francisco disse: "Dê o Novo Testamento a nossa mãe, para que ela o venda e possa acudir sua necessidade, pois é ele mesmo que nos manda ajudar os pobres. Acho que Deus vai ficar mais contente com a esmola do que com a leitura". Deram o livro ... mulher, e assim, por essa piedade, foi-se embora o primeiro Novo Testamento que houve na Ordem (1Cel 91).

São Francisco não deixaria essa pobre mãe cair no esquecimento. Ele sabia pelos próprios Evangelhos que tudo o que cai no esquecimento e morre por causa de nossa negligência, indiferença e silêncio é de alguma forma nossa responsabilidade se soubéssemos disso e pudéssemos ter feito algo para evitá-lo – mesmo que seja apenas uma ação de nossas orações e/ou de nossa recusa em concordar com as políticas que privam e tornam invisíveis os pobres entre nós. São Francisco fez mais do que orar ou não se calar; ele ajudou a pobre mulher, fornecendo-lhe algo que ela poderia vender para suprir suas necessidades. Por sua própria conversão interior, ele sabia com certeza que era isso que deveria fazer para ajudar a pobre mãe de dois de seus irmãos. Ele sabia que era isso o amor do evangelho.

Sem o tipo de conversão interna, do coração, que Francisco alcançou em sua própria vida, podemos encontrar facilmente nossas certezas em outros lugares, mesmo entre aqueles que elevaram suas próprias opiniões e preconceitos ao nível da verdade. E sem nossas próprias certezas internas, podemos facilmente começar a ouvir essas falsas verdades dos outros, muitas vezes ouvindo o orador que fala mais alto e o convincente, em vez de ouvir Deus no silêncio, lá nas profundezas da alma onde Ele fala. E então começamos a imitar as palavras e ações dos outros, como se fossem nossas verdades e modos de vida conquistados com muito esforço, aos quais chegamos depois de ponderar com oração e cuidado o que é dito e praticado por outros.

Portanto, se quisermos aprender com São Francisco hoje e viver as palavras de Cristo no Evangelho, precisamos primeiro perguntar qual é o papel que nós mesmos estamos desempenhando na disseminação de mentiras sem considerar com mais cuidado se são ou não a verdade que fingem ser, ou ficando calados quando sabemos que as mentiras estão sendo proclamadas como a verdade. E então, buscando a misericórdia e o perdão de Deus, como São Francisco, tentamos recomeçar, ouvindo as palavras do Evangelho para encontrar a verdade, orando por elas e vivendo-as em nosso cotidiano, pedindo a Deus incessantemente que nos ajudar a sermos pessoas da verdade que tentam sempre proferir a verdade.

Todos nós pecamos com a língua em um grau ou outro, mas agir como se não fosse certo dizer algo que é verdade, mesmo que não tenhamos certeza de que é verdade, é uma prática perigosa. Pode levar a pensar e agir como se fossem declarações descuidadas, cruéis e falsas sobre os outros que reforçam nossos próprios preconceitos ou medos, de alguma forma nos absolvem da disciplina de discernir a verdade da falsidade e nos dão liberdade para dizer o que quisermos sobre alguém, sendo ou não o que sabemos ser verdade. Ao "sentirmos" que isso é verdade, ou que "poderia" ser a verdade, ou que corresponde ao que queremos que seja verdade, podemos pensar que não há problema em falar sobre isso como verdade. A maioria dos pecados sociais tem suas raízes em alguma mentira que foi declarada verdadeira por pessoas sem escrúpulos cuja moral se baseia naquilo que afirmam ser moral. Se dizem que é moral, assim será! geralmente apoiado por alguém considerado um especialista, mas que poderia realmente ser alguém que se tornou seu ou sua própria verdade.

Esse tipo de recusa em examinar a verdade ou falsidade do que está sendo dito é um sério obstáculo ao verdadeiro diálogo e entendimento entre as pessoas, porque inibe a verdadeira escuta do outro. E sem diálogo e esforços sinceros para trazer paz e reconciliação entre as pessoas, não há caridade, não há comunidade real de pessoas. Tudo se torna hostil; desenham-se linhas na areia; armas são usadas; e começam as guerras que poderiam ter sido evitadas. E hoje, com a possibilidade de aniquilação nuclear, a guerra não é nem a primeira nem a opção razoável.

Para alguns, o que acabei de escrever pode parecer bastante negativo e não "franciscano"; e percebo que o perigo de nos concentrar no negativo é que ele pode nos tornar o que mais detestamos e criticamos. Mas também estou ciente e tento me concentrar mais na verdade de que sempre existe uma contravalência para o mal e as trevas; e essa visão positiva, essa lente, é o que a visão franciscana enfatiza: luz e leveza que continuam tentando ver e se tornar luz e beleza e bondade que as trevas não conseguem superar. Trata-se da luz que em última análise é o Cristo e a Boa-nova, que Ele é o Filho de Deus e ressuscitou dos mortos, assim como nós também ressuscitaremos. É à crença de que essa verdade nos transformará e nos manterá positivos e luminosos, mesmo diante da escuridão que, às vezes, precisamos recorrer para crescer novamente na luz.

Por exemplo, enquanto estou sentado aqui escrevendo, com a tinta preta borrando o amarelado bloco de anotações, elevo o olhar para fora da pequena janela do eremitério e vejo uma explosão de buganvílias vermelhas. Pelo canto da minha visão através da porta de vidro da sala, também vejo a lixeira de plástico preta transbordando com o lixo da semana. Estou ciente de que a lixeira preta está lá, mas olho as pétalas vermelhas, embora o sol esteja iluminando ambas. Eu vejo e reconheço e vou cuidar do lixo. Eu vejo e olho para as buganvílias. Existe um equilíbrio nessa maneira de ver que espero que o restante deste livro reflita e ilumine.

Essa preferência por luz e beleza é uma das razões pelas quais São Francisco é atraente para nós e por que ele foi tão bem-sucedido como pacificador em seu tempo. É por isso que atualmente sua cidade de Assis costuma ser palco de conferências e reuniões de oração para promover a paz. São Francisco é visto como o santo gentil que nos mostra que o caminho para a paz e a justiça é o caminho que Cristo nos mostrou nos Evangelhos, a saber, o caminho do amor de Deus, que é O caminho; e seu companheiro é o caminho do amor ao próximo como a nós mesmos.

Essa verdade básica do evangelho é a mensagem do Evangelho que São Francisco finalmente conseguiu ouvir no evangelho que ele viveu e pregou. Ele aprendeu que se colocarmos esses dois mandamentos exatamente nessa ordem, veremos facilmente como e quando pecamos ao nos afastarmos da verdade e ferirmos nosso próximo. Toda verdade é de Deus, e a verdade de Deus é que devemos amar a Deus, e amar a Deus nos mostrará como amar o próximo. O viver o Evangelho começa com o abraçar essa verdade básica do Evangelho. Somente então começaremos a ouvir também a voz de Deus.

Naturalmente, sempre haverá falsos profetas e enganadores, "lobos em pele de cordeiro", dizia Jesus. Mas isso não significa que devemos criticar e corrigir; algo que somente cria mais separação. Só é necessário ser fiel a si mesmo; e, se for necessário, falar nosso próprio entendimento do que é a verdade sem diminuir os outros. A paz é alcançada de maneira mais eficaz, tentando trazer à tona o melhor, não apontando o pior, nos outros. E trazemos o melhor que há nos outros, sendo pacíficos. Nossa presença pacífica fará mais do que tentar convencer os outros de que estamos certos e que eles estão errados. A paz é a sua própria persuasão.

Essa é a melhor opção, parece-me, para aqueles comprometidos em viver o Evangelho. A resposta franciscana ao pecado e à divisão é perdoar a mim mesmo e ao meu próximo, pacificando-me em meu próprio centro, e depois alcançando os outros e "fazendo misericórdia" para com eles, mesmo com aqueles que acho difícil amar, que me repelem de alguma maneira. Ou trabalhamos juntos para o bem ou perecemos como indivíduos, como sociedades e como civilizações.

São Francisco iniciou uma nova evangelização em seu próprio tempo, não tentando ser reformador social. Ele simplesmente amou a Cristo e viveu o Evangelho, e tornando-se assim, ele e seus confrades, catalisadores da mudança social. Eles se tornaram "santos loucos" que viraram o mundo de cabeça para baixo simplesmente vivendo a verdade do Evangelho de Cristo.

Como Francisco e seus irmãos, todos *podemos* aprender a amar novamente, mesmo em meio à divisão e à guerra. E o itinerário que Francisco nos deu para aprender a amar é o Evangelho e sua própria vida de seguir os passos de Cristo. Esse itinerário foi resumido lindamente em sua Oração pela Paz, uma oração que não foi escrita por ele, mas que certamente reflete a maneira como ele orou, viveu e ensinou pelo exemplo. É uma oração que descreve tudo o que fez de Francisco o pacificador que ele era e o modelo de paz que hoje é para nós. Trata-se de uma oração que nos mostra como encontrar a verdade novamente, se a perdemos, ou continuar vivendo a verdade que já descobrimos e estamos tentando viver.

> Senhor,
> Fazei-me instrumento de vossa Paz.
> Onde houver Ódio, que eu leve o Amor,
> Onde houver Ofensa, que eu leve o Perdão.
> Onde houver Discórdia, que eu leve a União.
> Onde houver Dúvida, que eu leve a Fé.
> Onde houver Erro, que eu leve a Verdade.
> Onde houver Desespero, que eu leve a Esperança.
> Onde houver Tristeza, que eu leve a Alegria.
> Onde houver Trevas, que eu leve a Luz!
>
> Ó Mestre,
> fazei que eu procure mais:
> consolar, que ser consolado;
> compreender, que ser compreendido;
> amar, que ser amado.
> Pois é dando, que se recebe.
> Perdoando, que se é perdoado e
> é morrendo, que se vive para a vida eterna!

Com base nessa oração, aos 24 de janeiro de 2018, o Papa Francisco emitiu uma declaração e uma nova oração que ele escreveu para o Dia Mundial das Comunicações, comemorado aos 13 de maio de 2018. A declaração e a oração são antídotos úteis para o fenômeno que o Papa Francisco define como inverdades e
> informações infundadas, baseadas em dados inexistentes ou distorcidos, tendentes a enganar e até manipular o destinatário. A sua divulgação pode visar objetivos prefixados, influenciar opções políticas e favorecer lucros econômicos.
>
> A eficácia das *fake news* fica-se a dever, em primeiro lugar, à sua natureza mimética, ou seja, à capacidade de se apresentar como plausíveis. Falsas mas verossímeis, tais notícias são capciosas, no sentido que se mostram hábeis a capturar a atenção dos destinatários, apoiando-se sobre estereótipos e preconceitos generalizados no seio dum certo tecido social, explorando emoções imediatas e fáceis de suscitar como a ansiedade, o desprezo, a ira e a frustração. A sua difusão pode contar com um uso manipulador das redes sociais e das lógicas que subjazem ao seu funcionamento: assim os conteúdos, embora desprovidos de fundamento, ganham tal visibilidade que os próprios desmentidos categorizados dificilmente conseguem circunscrever os seus danos.
>
> [...] O drama da desinformação é o descrédito do outro, a sua representação como inimigo, chegando-se a uma demonização que pode fomentar conflitos. Deste modo, as notícias falsas revelam a presença de atitudes simultaneamente intolerantes e hipersensíveis, cujo único resultado é o risco de se dilatar a arrogância e o ódio. É a isto que leva, em última análise, a falsidade.

Segundo o Papa Francisco, o antídoto não é uma nova técnica de discernimento, mas as pessoas: "pessoas que, livres da ambição, estão prontas a ouvir e, por meio da fadiga de um diálogo sincero, deixam emergir a verdade; pessoas que, atraídas pelo bem, se mostram responsáveis no uso da linguagem".

Em busca desse objetivo, o Papa Francisco faz a todos nós sua nova oração que se baseia na Oração de Paz de São Francisco:

> Senhor, fazei de nós instrumentos da vossa paz.
> Fazei-nos reconhecer o mal que se insinua
> em uma comunicação que não cria comunhão.
> Tornai-nos capazes de tirar o veneno dos nossos juízos.
> Ajudai-nos a falar dos outros como de irmãos e irmãs.
> Vós sois fiel e digno de confiança.
> Fazei que as nossas palavras sejam sementes de bem para o mundo:
> onde houver rumor, fazei que pratiquemos a escuta;
> onde houver confusão, fazei que inspiremos harmonia;
> onde houver ambiguidade, fazei que levemos clareza;
> onde houver exclusão, fazei que levemos partilha;
> onde houver sensacionalismo, fazei que usemos sobriedade;
> onde houver superficialidade, fazei que ponhamos interrogativos verdadeiros;
> onde houver preconceitos, fazei que despertemos confiança;
> onde houver agressividade, fazei que levemos respeito;
> onde houver falsidade, fazei que levemos verdade.
> Amém[5].

Papa Francisco

---

[5] Disponível em português no Site do Vaticano: http://w2.vatican.va/content/francesco/pt/messages/communications/documents/papa-francesco_20180124_messaggio-comunicazioni-sociali.html

A SABEDORIA DE SÃO FRANCISCO

Seja breve o discurso dos irmãos, porque o Senhor, sobre a terra, usou de palavra breve.

Cf. *Regra bulada*, IX

E depois que o Senhor me deu irmãos, ninguém me mostrou o que fazer; mas o Altíssimo mesmo me revelou que eu deveria viver segundo o santo Evangelho. E eu o fiz escrever com poucas palavras e de modo simples, e o senhor Papa mo confirmou.

E aqueles que vinham para assumir esta vida davam aos pobres tudo o que podiam ter; e estavam contentes com uma só túnica, remendada por dentro e por fora, com cordão e calções. E mais não queríamos ter.

Testamento

A todos os cristãos religiosos, clérigos e leigos, homens e mulheres, a todos os que habitam o mundo inteiro, Frei Francisco, servo e súdito de todos estes, com reverente submissão, deseja a verdadeira paz do céu e sincera caridade no Senhor. Sendo servo de todos, tenho por obrigação servir e ministrar a todos as odoríferas palavras de meu Senhor.

Carta aos Fiéis, segunda recensão.

Francisco, o servo verdadeiramente fiel e ministro de Cristo, para realizar tudo com fidelidade e perfeição, aplicava-se especialmente aos exercícios das virtudes que sabia que mais agradava a Deus. A esse respeito aconteceu que ele caiu em grande agonia por causa de uma dúvida que durante muitos dias: "Na oração falamos e ouvimos a Deus e, levando vida quase angelical, convivemos com os anjos; na pregação, é preciso usar de muita condescendência para com os homens e, vivendo humanamente entre eles, pensar, ver, dizer e ouvir coisas humanas. Mas há uma coisa em contrário que parece preponderar a todas essas coisas diante de Deus, a saber, que o Unigênito Filho de Deus, que é a suprema sabedoria, desceu do seio do Pai por causa da salvação das almas, para que, modelando o mundo com seu exemplo, pudesse falar a palavra da salvação aos homens que remiu com o preço, purificou com a aspersão e sustentou com a bebida de seu sagrado sangue, não reservando para si absolutamente nada que não desse generosamente para nossa salvação. E porque devemos fazer tudo segundo o modelo das coisas que vemos nele como em um monte sublime, parece mais agradável a Deus que, interrompida a quietude, eu venha para fora ao trabalho".

São Boaventura, *Legenda Maior*, 12,1

Como saudação, o Senhor me revelou que disséssemos: o Senhor te dê a paz.

Testamento

E presteis tanta honra ao Senhor no meio do povo a vós confiado que, todas as tardes, seja anunciado por um pregoeiro ou por outro sinal, para que o povo renda louvores e graças ao Senhor Deus onipotente.

Carta aos governantes dos povos

Onipotente, eterno, justo e misericordioso Deus, dai-nos a nós, míseros, por causa de Vós fazer o que sabemos que quereis e sempre querer o que vos agrada, para que, interiormente purificados e abrasados pelo fogo do Espírito Santo, possamos seguir os passos de vosso dileto Filho, Nosso Senhor Jesus Cristo, e, unicamente por vossa graça, chegar a Vós, ó Altíssimo, que em Trindade perfeita e unidade simples viveis e reinais e sois glorificado como Deus onipotente por todos os séculos dos séculos. Amém.

Carta a toda a ordem

Por isso admoesto e conforto todos os meus irmãos em Cristo a que, onde encontrarem as palavras divinas escritas, da maneira como puderem, as venerem e, no que lhes compete, se elas não estiverem bem-colocadas ou se em algum lugar estiverem dispersas sem a devida honra, recolham-nas e guardem-nas, honrando o Senhor nas palavras que Ele falou.

Carta a toda a ordem

Quarto ensinamento

Vai e reconstrói a casa de Deus

Bernardo da família dos Quintavalle de Berardello conhecia de longe o Francisco da família de Pedro Bernardone. Ambos eram da emergente classe mercantil; e, à medida que cresciam, Bernardo, mais sério, observava Francisco, o líder da turbulenta e desordeira juventude de Assis, que cantava e dançava pelas ruas depois do anoitecer. Bernardo, sensatamente em casa, sentava-se à sua janela, observava e ouvia, pois durante o dia tratava seriamente de promover a honra e o prestígio de sua família entre os cidadãos de Assis. Tanto que, quando Francisco começou a mudar drasticamente do aparentemente despreocupado jovem de vida nababesca para o mendigo e bobo da cidade, Bernardo já era um jovem distinto, conhecido por seu aprendizado, um homem diplomado tanto em direito civil quanto em direito canônico.

Bernardo ficou horrorizado com a mudança de Francisco: ridicularizado e cuspido enquanto andava esfarrapado pelas ruas de Assis, implorando pedras para o reparo da pequena Igreja de São Damião fora dos muros. Francisco havia se tornado um jovem obcecado em implorar, edificar e se identificar com os pobres, os párias, indo tão longe a ponto de se associar até mesmo com os leprosos.

Ele, ironicamente, estava puído, Francisco, o filho do rico comerciante de tecidos Pedro Bernardone, que já havia fornecido as roupas e figurinos mais caros e às vezes mais berrantes para seu filho imoral. Mas agora esse filho ingrato havia realmente renunciado ao pai e ao patrimônio em um julgamento histriônico na corte do bispo Guido. Diante do bispo e de todos os que estavam em pé, o dramático Francisco se despiu e depositou suas vestes aos pés do pai – e Bernardo observava enquanto Francisco dizia: "Até agora eu chamei Pedro Bernardone de meu pai, mas agora posso dizer: 'Pai nosso que estais no céu'" – e Bernardo ouviu.

Após essa cena dramática, Francisco deixou a cidade por um tempo e foi para Gubbio, onde, segundo os rumores, Frederico Spadalunga, amigo de Francisco, também de uma família de comerciantes de tecidos, deu-lhe algo para vestir. Corria o boato de que Francisco servia aos leprosos fora dos muros de Gubbio. E quando Francisco retornou, passou um tempo em São Damião e na pequena igreja de Nossa Senhora dos Anjos, que ele também restaurou. A essa igreja, chamou Porciúncula, sua Pequena Porção, porque era também pobre e estava localizada fora dos muros de Assis, na planície abaixo, em uma área pantanosa, densamente arborizada, perto de onde se situavam as colônias de leprosos.

As pessoas o achavam louco. Ele não era o mesmo desde que voltou de um ano de prisão em Perúgia como prisioneiro de guerra. Passava a maior parte do tempo em casa, sofrendo uma profunda depressão, até que, como Bernardo veio a saber mais tarde, Francisco teve um sonho que o convenceu a voltar à batalha, a se juntar às tropas papais na Apúlia, sob o comando de Walter de Briene. E assim, com alguns outros recrutas, ele partiu de Assis, equipado com uma fina armadura, um forte e forte cavalo de guerra e uma nova determinação. Mas, depois de apenas um dia de viagem à cidade de Espoleto, Francisco misteriosamente retornou sozinho para Assis. Cabisbaixo, retornava à cidade sem expressão no rosto, um covarde – e Bernardo viu e se admirou, especialmente quando alguns disseram que Francisco teria tido outro sonho em Espoleto e quando Francisco começou a vagar sem rumo pelo campo visitando igrejas abandonadas e pobres. Enquanto isso, Bernardo ouvia os rumores e continuava vendo e ouvindo tudo, tentando entender o que havia acontecido com aquele jovem promissor, aquele que todos pensavam que viria a ser um líder forte e determinado, um poderoso e distinto cidadão assisense.

E eis algo aconteceu – alguns disseram que era uma visão – nas ruínas abandonadas da antiga igreja de São Damião, à beira da estrada, e Francisco começou a implorar por pedras para reparar a igreja degradada. Com nojo e desprezo, as pessoas recebiam seus pedidos de pedras, mas Francisco parecia imperturbável. Ele começou a sorrir e cantar como alguém que tinha enlouquecido, e todo o desenrolar dessa história acabou fazendo com que Francisco chegasse até a corte do bispo, renunciasse ao pai, fosse a Gubbio e agora estivesse de volta assumindo novamente o mesmo comportamento. Andava pelas ruas sorrindo e, de repente, irrompia um canto de louvor a Deus. Agradecia a Deus em alta voz e então agradecia a seus agressores por reconhecerem quão inútil verme era esse homem que Deus escolheu para reconstruir igrejas abandonadas.

Foi então que Bernardo começou a notar uma nova mudança no louco Francisco. Ele parecia tranquilo e em paz, não importa quão altos fossem os insultos. Francisco irradiava tranquilidade, mesmo quando lhe jogavam pedras e lixo, como fosse um cachorro vira-lata a interromper a ordem e os negócios da cidade.

Bernardo viu e ouviu todas essas coisas e, como Maria, a Mãe de Jesus, as guardou em seu coração, pois, dia após dia, Francisco começou a lhe parecer não um tolo, mas um santo. Ou talvez fosse um santo e um tolo. Seja como for, Francisco estava se tornando um homem feliz, e não tonto, mas um homem cujo ser todo irradiava alegria. Ele havia suportado o ódio e o abuso na paciência por dois anos e, no entanto, seu espírito parecia mais firme com o passar das semanas, dos meses, dos anos – e Bernardo viu e ouviu, e então um dia ele percebeu. Percebeu que o que estava acontecendo com Francisco não era loucura, mas uma grande graça de Deus – uma graça que começara a atrair o próprio Bernardo. Ele começou a ver que o que estava acontecendo era a conversão religiosa de Francisco Bernardone. Bernardo lembrou-se das palavras do Evangelho que ouvira na missa. O sacerdote disse que eram as primeiras palavras de Jesus. "Completou-se o tempo, e o Reino de Deus está próximo. Convertei-vos e crede na Boa-nova" (Mc 1,15).

Era isso que Bernardo via de longe. Francisco estava se arrependendo porque acreditava que o Reino de Deus se aproximara dele. E essa nova fé fazia com que as palavras de Deus se tornassem boas notícias.

Mas Bernardo queria ter certeza. E assim convidou Francisco para jantar em sua casa, e este concordou. Bernardo estava agora perto do que via de longe. E que convidado fácil era Francisco. O "louco" exibia a mesma alegria e camaradagem pelas quais ficou conhecido quando adolescente e jovem. Conversaram até a noite, e Bernardo começou a ver de perto a santidade.

Enquanto conversavam sobre a vida, Bernardo pediu que Francisco ficasse: já tinha uma cama preparada para ele em seu próprio quarto, onde uma lâmpada arderia durante a noite. Francisco concordou prontamente e, quando se dirigiam para o quarto, Francisco se jogou na cama fingindo dormir. Bernardo percebeu que Francisco estava atuando; ele sempre foi bom nisso, então Bernardo também fingiu dormir e a ponto de roncar, embora estivesse acordado e nervosamente atento caso algo acontecesse.

E aconteceu que sim. Quando Francisco teve certeza de que Bernardo estava dormindo profundamente, ele deslizou para o lado da cama no chão e começou a orar. Levantando os olhos e as mãos para o céu, começou a sussurrar com comovente devoção e fervor: "Meu Deus e meu tudo"[6]. E continuou repetindo essas palavras com muitas lágrimas até o amanhecer... "Meu Deus e meu tudo" – E não dizia mais nada.

Bernardo ouvia e assistia, durante toda a noite, à luz de lamparina, e, quando o amanhecer chegou, sentou-se e contou a Francisco o que ocorrera durante a noite, de como havia enganado Francisco ao fingir que dormia, de como havia sido tocado pelo Espírito Santo enquanto Francisco orava e foi inspirado a mudar de vida. E então tomou coragem para dizer: "Agora, Francisco, estou determinado a renunciar aos valores deste mundo e seguir a ti, que, tenho certeza, és guiado por Deus".

"Messer Bernardo, eleva-se meu espírito por tuas palavras. São graves e suas consequências difíceis. Precisamos pedir a orientação de Nosso Senhor Jesus Cristo. Vamos, então, para a missa e depois rezar até a hora terça. Depois iremos ao sacerdote e pediremos que ele abra o missal para sabermos o que Deus nos aconselhará". E assim fizeram.

O sacerdote começou fazendo o sinal da cruz e abriu o missal três vezes, na primeira, vieram estas palavras que surpreenderam Bernardo: "Se queres ser perfeito, vai, vende os teus bens, dá o dinheiro aos pobres, e terás um tesouro no céu. Depois, vem e segue-me"(Mt 19,21). Na segunda, para maior espanto de Bernardo, eles ouviram o sacerdote recitar as palavras de Cristo aos seus apóstolos quando os enviou para pregar: "Não leveis bolsa, nem sacola, nem sandálias..." (Lc 10,4). Pareceu a Bernardo que estivesse ouvindo justamente as ações que Francisco já estava concretizando. Então o sacerdote abriu o missal pela terceira vez: "Se

---

[6] Essa frase seria mais bem traduzida, segundo o original latino, como "Meu Deus e todas as coisas". Manteve-se a variante mais difundida "Meu Deus e meu tudo" por sua popularidade, inclusive na oração [N.T.].

alguém quer vir após mim, renuncie a si mesmo, tome sua cruz e siga-me" (Mt 16,24).

Para Bernardo, e também para Francisco, sua missão não poderia ser mais clara. Essas foram as palavras de Cristo. Bernardo as ouviu e auscultou. Começou a vender todos os seus bens e, com Francisco ao seu lado, deu o dinheiro aos pobres. Então, com grande alegria, juntou-se a Francisco a fim de seguirem os passos de Cristo.

E essa foi a conversão de Francisco e Bernardo: fazendo de Deus o seu tudo, esvaziando-se da possessividade como o próprio Jesus, abraçando sofrimento e dor em paz segundo o exemplo de Cristo, e fazendo o bem aos outros, servindo-os e ministrando--lhes o Evangelho.

Evidentemente, a história da conversão de Bernardo não é apenas uma viagem mental ou um conhecimento intelectual. Trata-se do conhecimento recebido e posto em prática, o conhecimento do coração. Algo deve acontecer no coração que o muda por causa do que conheceste e passaste a acreditar. Falando sobre Francisco, Gerard Straub colocou a questão assim: "Deus mudou o coração de Francisco, e seu mudado coração mudou o mundo". É isso que faz a verdadeira conversão, e é isso que São Francisco ensina. O conhecimento que muda o coração muda a ti e tua interação com o mundo, e essa nova maneira de conhecer e agir muda o mundo a teu redor, e além de ti no espaço e no tempo.

O que, então, a história desses dois significa para nós hoje? Como seria na prática se nós também ouvíssemos essas palavras de Jesus? Em uma palestra que proferiu aos frades, Frei Herman Schaluck, ex-ministro geral dos Frades Menores, soletrou hoje a fé e a ação franciscanas, destrinchando-nos a Parábola do Bom Samaritano. Jesus conta a história a um mestre da Lei que respondeu à sua admoestação de que devemos amar a Deus e ao próximo com a pergunta: "E quem é o meu próximo?" Eis a resposta de Jesus:

"Certo homem descia de Jerusalém para Jericó e caiu nas mãos de assaltantes. Estes arrancaram-lhe tudo, espancaram-no e foram-se embora, deixando-o quase morto. Por acaso, um sacerdote estava passando por aquele caminho. Quando viu o homem, seguiu adiante, pelo outro lado. O mesmo aconteceu com um levita: chegou ao lugar, viu o homem e seguiu adiante, pelo outro lado. Mas um samaritano, que estava viajando, chegou perto dele, viu, e moveu-se de compaixão. Aproximou-se dele e tratou-lhe as feridas, derramando nelas óleo e vinho. Depois colocou-o em seu próprio animal e o levou a uma pensão, onde cuidou dele. No dia seguinte, pegou dois denários e entregou-os ao dono da pensão, recomendando: 'Toma conta dele! Quando eu voltar, pagarei o que tiveres gasto a mais'". Na tua opinião – perguntou Jesus –, qual dos três foi o próximo do homem que caiu nas mãos dos assaltantes?" Ele respondeu: "Aquele que usou de misericórdia para com ele". Então Jesus lhe disse: "Vai e faze tu a mesma coisa" (Lc 10,30-38).

Frei Herman escolhe quatro ensinamentos da parábola que nos desafiam e nos mostram o que significa reconstruir a casa de Deus em nível pessoal e prático. No fim, o fruto da conversão é a justiça social, que é a face prática do que significa amar a Deus e ao próximo, reparando assim a Casa de Deus. Isso comporta, segundo Frei Herman, (1) visão contemplativa, (2) resposta afetiva, (3) ajuda prática e (4) assistência sustentada, que são os quatro movimentos da história do bom samaritano.

Há o ver e o ver. Aqueles que passam pelo homem assaltado caído à beira da estrada passam pelo "outro lado". Eles veem, mas não veem, conscientemente se afastando do que quer que esteja interrompendo o que veem como seu movimento para frente. Parar e realmente olhar será, no mínimo, um inconveniente e, no máximo, um desafio, ou mesmo uma ameaça, à sua preocupação consigo mesmos, ao seu próprio conforto egoísta e autoimportância.

Eles veem e não veem sua própria conexão íntima com a vítima de violência. Não é da sua conta ou responsabilidade, porque não rezaram pedindo olhos para ver. Eles também não praticaram a contemplação, que é a arte de olhar atentamente para alguma coisa até que ela comece a olhar para dentro de nós, formando e informando a alma. Toda a criação está interconectada, e o contemplativo é aquele que permanece olhando até que essa conexão se torne tão real quanto a sua conexão com aqueles que ele ama profundamente e considera como belas extensões de Deus. A oração contemplativa permite que vejas o que está lá e realizes tua conexão íntima com o que contemplas.

Isso significa que o samaritano, assim como os que passavam, chegou à situação das vítimas com uma história. A experiência do samaritano foi de tal ordem que ele viu sua conexão com o homem caído à beira do caminho; ele se move com compaixão. Seu coração responde com amor fraterno. Sua resposta é afetiva. Ele *sente com*, que é a raiz da palavra *compaixão*, que significa "sofrer com" (no latim, *cum* e *passio*).

Se não consigo mais *sofrer com*, aconteceu-me algo que me torna tão autorreferencial que nem mesmo a tragédia de outra pessoa não me interessa. Ou não é da minha conta ou sou alguém que naturalmente teme se envolver com qualquer coisa que possa me machucar. O que me interessa é cuidar primeiro de mim antes dos outros. Tenho medo de me machucar ao estender a mão e, portanto, não tenho nenhuma verdadeira conexão prática com os outros, com o mundo ao meu redor, com minhas próprias origens mútuas com tudo o que Deus criou. Então, o que poderia ter sido um encontro inovador, ou um crescimento do amor, caso tivesse deixado o amor superar meu medo, me coloca do outro lado da vida, a via rápida ou a via segura, que não se detém para ninguém.

Uma vez que suprimi ou neguei meu próprio sentimento humano, não me sinto obrigado a ajudar nenhuma pessoa ou situação. Alguém cuidará disso, alguém muito mais habilidoso com essas coisas do que eu. O resultado é um estreitamento e, eventualmente, uma recusa de sensibilidade. Ficar do lado da vida com toda sua desordem e sofrimento, abre e expande a alma, e me torno alguém mais do que uma pessoa mesquinha e autorreferencial. Quão magnânima e grandiosa deve ter sido a oração contemplativa do pequeno Francisco de Assis, ele que viu até os leprosos como seus próximos, e também como seus irmãos e irmãs, dos quais não deve se distanciar atravessando para o outro lado do caminho apenas para os evitar.

De fato, Francisco não apenas não cruzou para o outro lado, mas se moveu para uma ajuda prática, para curar suas feridas como o samaritano; ele ofereceu comida, até foi ter com eles e, como disse, "fez misericórdia para com eles". Ele se tornou o bom samaritano de Assis, fornecendo assistência, instruindo seus irmãos a irem entre os leprosos e a servi-los, caso quisessem ser verdadeiros Irmãos Menores. Ao fazer isso, eles já seriam Irmãos Menores da Penitência, não que estar com os leprosos fosse uma grande penitência no sentido de fazer penitência para subjugar suas paixões, mas penitência no sentido do arrependimento, deixando Deus mudar sua visão e seus corações.

O próprio Francisco, nesse gesto de estender a mão aos que foram removidos para as margens da sociedade, tornou-se São Francisco, o espelho do Cristo compassivo, que se reflete em sua própria parábola do bom samaritano. A compaixão de São Francisco foi extraordinária, e poucos são os que puderam segui-lo em sua heroica caridade. Mas qualquer um pode oferecer ajuda prática e assistência sustentada aos povos pobres e marginalizados do mundo. Isso é possível nem que seja no círculo menor do mundo em que se vive. Até mesmo um pequeno gesto de ruptura do próprio círculo egoísta para alcançar e amar os menos afortunados começa a expandir o coração e a alma.

Este é o desafio franciscano de nossa época: visão contemplativa, resposta afetiva, ajuda prática e assistência sustentada como *a* maneira de restaurar a casa de Deus que está em ruínas. É a própria receita de Jesus para aprender a amar. Na oração contemplativa, aprendemos a amar a Deus, que criou todas as coisas e as tornou nossos irmãos e irmãs. E, quando começamos a ver os outros pelo que eles são aos olhos de Deus, somos movidos à compaixão. E então, em seguida, quando nos achegamos aos nossos irmãos e irmãs angustiados, o amor a Deus se torna o amor aos outros, todos amados por Deus.

Em resposta, nós mesmos nos tornamos uma história, não apenas uma concha vazia que permaneceu por vários anos e desapareceu, sem deixar para trás qualquer história de bondade que valha a pena contar, porque não houve nenhum ato significativo da vontade de amar o próximo.

Portanto, reparar a casa de Deus não tem a ver com pedras e argamassa, como Francisco pensava quando ouviu a voz de Cristo. Trata-se de mudar nossos corações, ou melhor, de deixar Deus mudar nossos corações, um processo no qual nos tornamos vasos frutíferos de graça. Pois são apenas os corações reparados que reparam a casa de Deus. Só assim podemos partir frutuosamente "pelo mundo inteiro e [anunciando] a Boa-Nova a toda criatura" (Mc 16,15).

A sabedoria de São Francisco

Deus chamou-me para o caminho da simplicidade e da humildade e, na verdade, indicou-me este caminho para mim e para aqueles que querem crer em mim e imitar-me. [...] E o Senhor disse-me que eu devia ser como um novo louco neste mundo.

Espelho da perfeição, 68.

São Francisco disse em uma Carta a um Ministro (um irmão em posição de autoridade): "não haja no mundo irmão que pecar, o quanto puder pecar, que, após ter visto teus olhos, nunca se afaste sem a tua misericórdia, caso buscar misericórdia. Se não buscar misericórdia, pergunta-lhe se quer obter misericórdia. E se depois ele pecar mil vezes diante de teus olhos, ama-o mais do que a mim, para trazê-lo ao Senhor; e tenha sempre misericórdia desses irmãos".

Carta a um Ministro 9-11

Aconselho, admoesto e exorto a meus irmãos no Senhor Jesus Cristo que, quando vão pelo mundo, não discutam nem alterquem com palavras, nem julguem os outros, mas sejam mansos, pacíficos e modestos, brandos e humildes, falando a todos honestamente como convém.

Regra bulada, 3

E eu trabalhava com as minhas mãos e quero trabalhar; e quero firmemente que todos os outros irmãos trabalhem num ofício que convenha à honestidade. Os que não souberem trabalhar aprendam, não pelo desejo de receber o salário do trabalho, mas por causa do bom exemplo e para afastar a ociosidade. E quando não nos for dado o salário, recorramos à mesa do Senhor, pedindo esmolas de porta em porta.

Testamento 20-22

QUINTO ENSINAMENTO

Construindo a paz

> *[Em São Francisco] se nota até que ponto são inseparáveis a preocupação pela natureza, a justiça para com os pobres, o compromisso com a sociedade e a paz interior.*
>
> Papa Francisco, *Laudato Si'*

A paz interior é a consciência de que Deus é e habita em toda a criação, e dessa consciência fluem os outros três elementos necessários da citação do Papa Francisco, a saber: preocupação pela natureza, justiça pelos pobres e compromisso com a sociedade.

Todos esses quatro estão interconectados porque Deus não apenas *é*, mas Deus é o Criador. Tudo fora da vida interior da Santíssima Trindade tem sua causa no Deus inter-relacionado trinitariamente: três pessoas divinas cujo amor inter-relacionado é a energia que cria um mundo-espelho fora de si. O amor inter-relacionado dentro dessa e entre essa Trindade de Pessoas explode na energia divina da criação. Nós, e todo o universo, somos filhos do amor divino. E as três pessoas divinas – Pai, Filho e Espírito Santo – marcam todos e tudo que é amado por Deus. Somos amados para a existência.

Assim, Deus se revela a nós em todas as criaturas: na beleza, na grandeza, na variedade infinita, na individualidade e no mistério. Foi isso que São Francisco viu e é isso que ele nos ensina.

Mas algo deforma a beleza da criação de Deus: trata-se da injustiça. De acordo com São Boaventura, suas *Collationes en Hexaëmeron*, "a justiça *embeleza o* que foi deformado". A justiça então é o caminho para a paz, a paz de espírito, a paz [da humanidade] e entre as pessoas e a paz entre todas as criaturas de Deus.

São Francisco, é claro, não era um filósofo, nem pensador ou teólogo como São Boaventura. Ele era um visionário, um poeta. Passou a vida inteira tentando ver, ao invés de entender as coisas. Estava sempre procurando sinais de Deus no mundo ao seu redor. Ele havia encontrado Deus nos leprosos, então sabia que era preciso parecer duro e longo para ver o mistério oculto sob a aparência das coisas. E por causa de sua profunda presença nas coisas e nas pessoas, ele também era contemplativo, alguém que olha e olha profundamente. E esse é o primeiro passo para alcançar a paz e a reconciliação.

Francisco olhou atentamente, olhou com reverência e amor. E, como vimos no capítulo anterior, esse tipo de olhar suscitou nele uma resposta afetiva, uma resposta de compaixão, de sentir-com/ou pelo que é visto. Ele foi *comovido*. E é esse movimento do coração que leva à ação. No mínimo, isso leva ao louvor; ou se o que é visto está fraturado ou ferido, leva à necessidade de ajudar o outro. E essa necessidade de ajudar Francisco não é mínima. Ele rompe os horizontes, por exemplo, em relação aos leprosos. Ele simplesmente não lhes dá uma moeda ou comida. Ele vai e vive entre eles e "faz misericórdia para com eles". É uma troca; ele faz misericórdia *com* eles. Tanto Francisco quanto os leprosos experienciam a misericórdia.

Essa mútua doação e recepção é, creio, a base da paz franciscana. Superando a vergonha ou o medo, ou o que quer que esteja impedindo que se alcance os pobres e quebrantados, entra-se em um mundo surpreendente de doçura de alma que não é apenas egoísta, mas que realiza uma profunda reconciliação de opostos que torna possível experimentar um vínculo novo e inesperado com o outro. E te demoras lá, não necessariamente naquele lugar físico, mas naquele espaço espiritual e psicológico onde o leão e o cordeiro se deitam juntos.

O vínculo também não é algo estático. Só perdura quando se continua a superar novas barreiras, a atravessar barreiras novas e temíveis, para que tu te tornes o lugar da reconciliação onde quer que vás. São Francisco foi esse tipo de pacificador ambulante.

O Papa Francisco tornou esse vínculo concreto e tangível quando deu *o* sinal do que significa cuidar das ovelhas. Em sua primeira Semana Santa como papa, em 2013, ele exortou os sacerdotes reunidos na Missa do Crisma a serem pastores "vivendo com o cheiro das ovelhas"[7]. Esse é o tipo de ação que envolve a construção da paz. É um trabalho duro e árduo, mas também traz a doce fragrância, que antes pensávamos ser ardida e malcheirosa.

Atravessar fronteiras e superar barreiras, se isso é feito com amor, também traz uma nova visão da realidade que nos permite reverenciar tudo o que existe. Os primeiros seguidores de Francisco costumavam dizer que ele tinha por hábito poupar lâmpadas, luzes e velas por causa da Luz Eterna que esses objetos traziam à mente. Isso é um pouco exagerado, mas é verossímil se pensarmos em quem era São Francisco, um pouco exagerado por causa do modo e do que ele veio para ver. Sua visão mudou para que ele pudesse ver a luz de Deus irradiando das criaturas de Deus, embora ele próprio, durante seus últimos anos, tenha sido cego para todos os fins práticos como resultado de uma doença que ele contraiu no

---

[7] FRANCISCO. *Homilia* – Quinta-feira Santa, 2 de Abril de 2015 [Disponível em: http://w2.vatican.va/content/francesco/pt/homilies/2015/documents/papa-francesco_20150402_omelia-crisma.html].

Egito, onde foi durante a Quinta Cruzada. para tentar trazer paz e reconciliação entre cristãos e muçulmanos.

Quando ele chegou a Damieta, no Egito, portando a paz, os cruzados riram dele; mas o sultão Malik al-Kamil o ouviu, e se tornaram amigos, cada um aparentemente tendo abraçado o que considerava estranho ou até repulsivo no outro. Essa é uma das histórias mais dramáticas da vida de São Francisco, relevante o suficiente hoje para ter merecido um docudrama filmado para a televisão como *The Sultan and Saint* [O sultão e o santo].

E é assim que a história se passa. Em 1219, no meio da Quinta Cruzada, Francisco foi a Damieta, não como pregador da Cruzada para torcer pelos cruzados e seus apoiadores, mas para pregar o Evangelho da paz ao Cardeal Pelágio e ao Sultão Malik al-Kamil. Então, quando os cruzados o dispensaram, al-Kamil o recebeu em seu acampamento e conversou com Francisco por mais de duas semanas, de 1º a 26 de setembro. Os dois homens reconheceram um no outro um desejo de paz e uma recíproca devoção aos próprios textos sagrados, o Evangelho de Jesus Cristo e o Alcorão. Al-kamil era um muçulmano sunita devoto e Francisco era, é claro, um cristão devoto.

Francisco havia aprendido desde o início que Deus nos surpreende em lugares inesperados, como entre os leprosos, e agora no campo do sultão, na própria corte de Malik al-Kamil. A ousadia de Francisco em fazer as pazes com as forças muçulmanas foi um afastamento radical do *ethos* da época, especialmente da própria Igreja, o próprio Papa Inocente havia convocado a Quinta Cruzada e declarado guerra ao Islã pela retomada da Terra Santa.

Francisco, sempre obediente à Igreja hierárquica, foi um fiel pregador e propugnador dos decretos do IV Concílio do Latrão, de Inocêncio III, especialmente aqueles relacionados às reformas morais e à Eucaristia. Porém, com relação à Cruzada, Francisco e seus seguidores silenciavam qualquer apoio. Francisco abominou a guerra e chegou a ver que aqueles que chamamos de "os outros", mesmo aqueles que consideramos nossos inimigos, são de fato nossos irmãos e irmãs.

Malik al-Kamil também era um homem que desejava a paz e atuava reiteradamente pela paz, mas foi recusado pelos cruzados, especialmente sob o Cardeal Pelágio. Quando Francisco deixa o acampamento do sultão, al-Kamil lhe dá um belo chifre de marfim que Francisco usa mais tarde para chamar as pessoas à oração. Ele também pede que Francisco ore para que Deus mostre a ele (al Kamil) qual caminho seguir.

E quando Francisco retorna à Itália, ele acrescenta à sua regra de 1221 essas disposições sobre aqueles que vão entre os incrédulos: Os irmãos podem ir viver entre eles como bons cristãos, e/ou se *for a vontade de Deus*, podem pregar o Evangelho. A frase "se for a vontade de Deus" é interessante nesse contexto, porque ecoa a expressão muçulmana frequentemente repetida, *insha'Allah*, se Deus quiser. Essas duas adições à Regra podem ser a origem do moderno ditado atribuído a São Francisco, mas que ele realmente não chegou a dizer: "Pregue sempre; se necessário, use palavras".

Além disso, em 1224, quando Francisco vai para o Alverne, dois anos antes de morrer, leva em seu coração o Sultão Malik--al-Kamil. Ele está de luto por al-Kamil e todos os cristãos e muçulmanos que se envolverão em uma nova Cruzada contemplada pelo Papa Honório III e pelo Imperador Frederico II. O plano é lançar a Cruzada em junho de 1225. Com esses pensamentos no Alverne, Francisco compõe seus Louvores a Deus Altíssimo, que ecoam os Noventa e Nove Nomes de Alá recitados no Islã. No verso dos Louvores a Deus Altíssimo, Francisco abençoa Frei Leão e, em seguida, tira a cabeça de um homem de turbante de cuja boca emerge uma grande cruz na forma da letra Tau, sendo o Tau o sinal de paz de Francisco que contrasta com seu simbolismo na Igreja como a empunhadura da espada de um cruzado. Pegar a cruz na Cruzada significa pegar a espada contra os infiéis.

Francisco propõe o sinal do Tau como um símbolo de paz, assim, mais uma vez, recuando contra o significado aceito do Tau durante a Quinta Cruzada. Francisco vê a paz e o processo de paz como uma maneira de embelezar o que a guerra e a violência deformaram.

A história de Francisco e do sultão foi possível por causa de outra história seminal da tradição franciscana. Trata-se de uma narração a que os próprios frades recorrem repetidamente.

É inverno e Francisco e Leão estão voltando de Perúgia para sua amada Porciúncula, Santa Maria dos Anjos. O frio cortante penetra até os ossos, seus corpos tremem enquanto caminham. E então, de repente, como quando Francisco estava à beira do desespero e Cristo falou com ele da cruz de São Damião, o Senhor agora começa a falar por meio do próprio Francisco a partir do silêncio frio e amargo:

– Frei Leão!
– Sim, Pai Francisco.
– Nós, irmãos menores, nos tornamos exemplos de santidade e edificação para muitos. Mas anota, querido irmão, que não há alegria perfeita nisso.

E então Francisco fica calado, e eles caminham em silêncio, o irmão Leão se perguntando se isso é tudo que Deus deu a Francisco para dizer. Mas novamente Francisco fala.

– Frei Leão.
– Sim, Pai Francisco.
– Nós, irmãos, somos conhecidos como curandeiros. Mas mesmo se restituirmos a vista aos cegos, endireitarmos o que é torto, expulsarmos demônios, restabelecermos a audição aos sur-

dos, fizermos o coxo caminhar e o mudo falar, e dermos vida a alguém que está morto há dias, escreve Frei Leão, que isso não é uma alegria perfeita.

Ambos não tremem mais com o frio. Caminham resolutos e escutam as palavras que Cristo lhes dirige.

– Frei Leão!

– Sim, Pai Francisco.

– Se um dos irmãos conhecer todas as línguas, todas as ciências e todas as Escrituras, a ponto de predizer e revelar o futuro, bem como os segredos da consciência e da alma, escreve que essa não é a alegria perfeita.

Caminham. Frei Leão se pergunta se Francisco já sabe o que é a alegria perfeita, ou será que Cristo a revelará a ambos na estrada, como fez a dois de seus discípulos no caminho para Emaús...

– Frei Leão.

– Sim, Pai Francisco. Estou ouvindo.

– Frei Leão, ovelhinha de Deus, mesmo que um de nós, irmãos, fale a língua dos anjos, e saiba os rumos das estrelas e as propriedades das ervas; e se todos os tesouros de nossa irmã, a Mãe Terra, lhe forem revelados para que ele conheça os caminhos dos pássaros, peixes e bestas, dos seres humanos, árvores, rochas, raízes e águas, escreve que essa não é a alegria perfeita.

A caminhada agora se tornou a oração do ouvir em silêncio, nem mesmo o vento ou o som de seus passos na lama gelada os distraem de serem ouvidos por Cristo.

– Frei Leão, mesmo se um de nós fosse um pregador tão eloquente que suas palavras pudessem converter os incrédulos à fé em Cristo, escreve que também não é essa alegria perfeita.

Finalmente, o irmão Leão não aguenta mais o suspense.

– Pai Francisco, eu imploro em nome de Deus, que alegria perfeita é essa?

Mas Francisco permanece calado, esperando a resposta de Cristo.

– Frei Leão.

– Fala, Pai Francisco. Estou ouvindo.

– Frei Leão, quando chegarmos a Santa Maria dos Anjos, encharcados de chuva, congelados com o frio, cobertos de lama, exaustos de fome, ao batermos à porta dos irmãos e o irmão porteiro perguntar com raiva: "Quem sois?", e nós respondemos: "Tu nos conheces, irmão, somos dois de teus irmãos", e ele disser: "Mentirosos! Sois alguns impostores que vagam enganando pessoas de bem e roubando suas esmolas. Saí daqui!"

E se ele se recusar a nos deixar entrar e nos forçar a ficar do lado de fora a noite toda sob a chuva gelada, com fome e tremendo de frio, se suportarmos tal abuso e rejeição pacientemente e com calma, sem reclamar, com humildade e caridade, pensando que o irmão porteiro nos vê pelo que somos, e que é Deus quem o move a nos condenar; então, Frei Leão, doce Leão, escreve: "Esta é a alegria perfeita". E se continuarmos batendo, e ele sair furioso e nos afastar com palavras e socos abusivos, e continuarmos suportando tudo isso com paciência, alegria e caridade, escreve: "Isso é alegria perfeita".

E se voltarmos repetidamente, implorando em lágrimas para podermos entrar; e, perdendo todo o controle, nosso irmão sair com um porrete e começar a nos bater, e continuamos sofrendo com tanta paciência e alegria, lembrando os sofrimentos de Cristo, o Bem-aventurado, e como Ele nos ensinou a suportar todas as coisas por amor a Deus. Escreve, Frei Leão: "Isso é alegria perfeita". Pois acima de todas as graças que Cristo concede a seus amigos está o dom do Espírito Santo, que nos permite vencer a nós mesmos e suportar de bom grado qualquer dor, injúria, insulto e dificuldade pelo amor de Jesus Cristo. Não podemos nos gloriar em nenhum outro dom a não ser neste, porque não é nosso, mas dele. É por isso que o Apóstolo Paulo diz: "Quanto a mim, que eu me glorie somente da cruz do nosso Senhor, Jesus Cristo" (Gl 6,14).

Esta história é a favorita entre os franciscanos. Revela a fonte da verdadeira alegria franciscana nascida da humildade, da imitação do Cristo pobre e crucificado. É o que faz de uma verdadeira fraternidade um lugar de cura e perdão, em vez de um lugar de segurança, fechado aos pobres e abandonados, àqueles que batem sem serem convidados e aos indesejado à porta do convento. Numa verdadeira fraternidade, os frades aprendem a ver seu próprio quebrantamento, seu ciúme, seu desejo de poder. E eles aprendem a perdoar isso em si e nos outros. Eles aprendem a rir de si mesmos e dizem um ao outro que é uma alegria perfeita. Só então sua fraternidade se torna um lugar de cura para os outros.

E é por isso que Francisco leva Frei Iluminado com ele para tentar levar a paz de Cristo a Damieta no meio da Quinta Cruzada, dois irmãos sem ilusões sobre si mesmos indo para onde sabem com antecedência que a perfeita alegria os espera. E foi assim que dois Irmãos Menores entraram e foram aceitos, após muita infusão de perfeita alegria dos cruzados e dos guardas do sultão, na presença do Sultão Malik al-Kamil.

É assim que acontece a pacificação. É o que diz São Francisco em palavras e ações.

A SABEDORIA DE SÃO FRANCISCO

São Francisco costumava dizer a seus irmãos: "Ide, anunciando a paz aos homens, e pregai a penitência para remissão dos pecados. Sede pacientes nas tribulações, vigilantes nas ações, valorosos nos trabalhos, modestos nas palavras, sérios no comportamento e agradecidos nos benefícios, porque em vista de tudo isso está preparado para a vós o Reino eterno".

São Boaventura, *Legenda Maior de São Francisco* 3,7

Assim como proclamais a Paz com a boca, assim em maior medida a tenhais nos vossos corações. Ninguém por meio de vós seja provocado à ira ou ao escândalo, mas todos sejam provocados pela vossa mansidão à Paz, à benignidade e à concórdia. Pois para isto fomos chamados, para cuidar dos feridos, enfaixar os que têm fraturas e chamar de volta os que erram.

Lenda dos Três Companheiros, 58

Sexto ensinamento

A casa de Deus é toda criação

Quando ele olhou para fora de sua gruta e desceu para Assis desde as alturas do Monte Subásio, era como se toda a criação estivesse espalhada sob sua gruta, e a bondade de Deus se precipitou sobre ele. Ele só conseguia pensar naquela pura bondade e em como Deus compartilha sua vida conosco. Tudo de bom e bonito vem de Deus. Deus chegou ao ponto de nos dar uma das pessoas da Santíssima Trindade, Jesus Cristo, que veio entre nós como Jesus, o filho do carpinteiro de Nazaré. Jesus era um de nós, e ainda mais. Ele veio para nos mostrar como louvar a Deus, embora somente Ele pudesse louvar a Deus perfeitamente. Somente Jesus é o amante perfeito de Deus fora do círculo da Santíssima Trindade. Tudo e todos vêm da Trindade, incluindo Jesus. E tudo o que existe só existe em Jesus Cristo.

Isso estava além do pensamento de Francisco. Esses pensamentos eram elevados demais para ele, o filho de um comerciante que entendia do dar e receber como negócio. Francisco conhecia o mundo dos negócios, mas sabia que a economia de Deus era diferente. Todo o suprimento estava do lado de Deus. Tudo o que podíamos dar em troca era o louvor por Jesus Cristo, que sozinho pode devolver adequadamente o que o Pai dá eternamente. A única coisa que podemos oferecer é o louvor. E cuidar de e de tudo que Deus criou fora da Trindade, começando com o próprio Jesus, que resume e contém toda a criação em sua própria natureza divina.

Francisco conhecia os dois relatos das origens presente no Livro do Gênesis. Um relato enfatiza o domínio dos seres humanos sobre todas as criaturas menores. O outro focaliza o cuidado humano e o cuidado de todas as criaturas, incluindo a própria Terra. Francisco gostava mais do segundo relato. Apelou para quem ele era e para como ele via seu relacionamento com o mundo ao seu redor. Assim, louvaria a Deus por intermédio de Jesus Cristo com todas as criaturas, para todas as criaturas e dentro e por meio de todas as criaturas. E ele cuidaria delas e as nutriria, assim como diziam as palavras de Deus no Livro do Gênesis. Essa é uma economia que Francisco podia entender: Deus dá todo o bem; os seres humanos em câmbio o louvam e cuidam da criação. Ele sabia que tinha de louvar ou não seria capaz de cuidar e nutrir. E precisava cuidar e nutrir para que seu louvor não fosse em vão. Essa seria a sua história. A história mais profunda de todos. Coisas ruins aconteceriam a todos nós, mas o louvor e o cuidado nos manteriam vivos. E isso era amar, louvar e cuidar, não importa o quê. É isso que faz o bom mercador de Deus: recebe o bem ilimitado e responde com o louvor e o cuidado. Essa era a economia do amor que contrabalanceou a economia do dinheiro que começava a entrar em Assis.

E assim, ele sempre louvava a própria vida e a de seus irmãos. Todos tentariam se lembrar de louvar. E para ajudá-los, Francisco instruirá o irmão jardineiro a não plantar o jardim inteiro com plantas alimentícias, mas a reservar um lote para essas plantas, que na primavera rebentariam com as Irmãs Flores. Então, quando os irmãos vissem o lindo canteiro de flores com suas ervas e plantas com cheiro adocicado, convidariam todos a louvar a Deus; pois a Irmã Flor lhes dirá: "Deus me criou para ti, ó humano!"

Quinta-feira, 13 de julho de 2017, *The New York Times*: "Um pedaço de gelo flutuante do tamanho de Delaware se soltou da Península Antártica nesta semana, confirmou a Nasa na quarta-feira, produzindo um dos maiores *icebergs* já registrados e oferecendo um vislumbre de como a camada de gelo da Antártica pode finalmente começar a desmoronar".

Senti um arrepio percorrer meus braços enquanto segurava o jornal. "Ó humanos!", gritei para a sala vazia. Eu me perguntava se éramos de alguma forma responsáveis por acelerar uma mudança tão alarmante no clima do planeta. O que isso poderia significar? Minha mente correu para São Francisco, para o *Cântico das Criaturas*, para a estrofe de nossa irmã a Mãe Terra, que "Que nos sustenta e governa, / e produz frutos diversos /E coloridas flores e ervas". E as flores e ervas gritavam: "Deus nos criou para vós, ó humanos!"

Na língua original da Úmbria, na estrofe que se refere à Mãe Terra, lê-se: *"la quale ne sustenta et governa"*, literalmente "quem sustenta e governa", traduzida como "Em sua soberania [*governa*], ela nutre (*sustenta*)". Mas, na língua italiana, *"governa"* também significa "toma conta, dirige e cuida". São Francisco vê a terra como o dom de Deus por meio da qual Ele toma conta de nós, cuida de nós, deixando a Terra nos dirigir (*governa*) e sustentar (*sustenta*) nossas vidas. Qual é então a nossa resposta a esse dom?

Certamente não deve ser a indiferença, ou pior, a rejeição! E quais são as consequências se não apenas descartamos, mas abusamos daquela que é nossa irmã, Mãe Terra, o dom de Deus para nos sustentar e nutrir? E que tipo de arrogância e ganância abusa da Terra? Daria vontade de chorar e de odiar aqueles que violentam a Terra se não fosse o conhecimento de que o ódio diminui ainda mais os efeitos do amor e do cuidado de Deus. Já tivemos o suficiente de ódio e negligência que criam cenas como as descritas no poema de William Blake, *Londres*:

Dos Limpa-chaminés o choro triste
As negras Igrejas atormenta;

E do pobre Soldado o suspiro que persiste
Escorre em sangue p'los Palácios que sustenta[8].

Guerra e ganância e negligência. Como se espelham, mesmo agora oitocentos anos depois de que São Francisco cantou seu *Cântico das Criaturas* e duzentos anos depois do poema de Blake!

Eu me senti impotente para descobrir como poderíamos mudar nossas vidas e reverenciar nossa Irmã Mãe Terra novamente, e deixá-la cuidar de nós e nos nutrir diante do que, nas palavras de Blake, *"O Tigre"*, está por trás dos temíveis olhos do tigre:

Em que abismo ou céu longe ardeu
O fogo dos olhos teus?
Com que asas ousou ele o voo?
Que mão ousou pegar o fogo?[9]

Algo ameaçador começa a acontecer. Quanto disso é de nossa própria fabricação? Talvez mais uma vez São Francisco possa nos ajudar.

Seu maior ensinamento, em suas palavras e em sua vida, é que Deus é. Ele experimentara a "ausência" daquele que Jesus chamava de "Pai Nosso". E esse mesmo Pai encontrara o Francisco perdido através da sua Presença em outros seres humanos, especialmente nos mais humildes e rejeitados, como os leprosos.

Depois do cárcere em Perúgia e de sua longa convalescência em Assis, em casa, o mundo natural também lhe parecia morto, a glória de seu encanto não era mais real para Francisco, mas o mesmo Deus também encontrou Francisco ali. Uma vez que ele veio a conhecer e lembrar que existe um Deus habitando entre nós e dentro de nós, a natureza também começou a falar com ele de

---

8 BLAKE, W. "London" Songs of Innocence and Experience. In: *The Poems of William Blake*. London: Oxford University Press, 1960, p. 102. [trad. de Hélio Osvaldo Alves: *Canções da Experiência*].

9 Ibid. p. 68.

Deus. Como escreveu Frei Tomás de Celano, o primeiro biógrafo de Francisco:

> Em qualquer obra de Arte [São Francisco] exalta o Artífice e atribui ao Criador tudo o que descobre nas coisas criadas. Exulta em todas as obras das mãos do Senhor e intui, através dos espetáculos do encantamento, a razão e causa que tudo vivifica. Reconhece nas coisas belas aquele que é o mais Belo; todas as coisas boas lhe clamam: "Quem nos fez é o Melhor". Por meio dos vestígios impressos nas coisas ele segue o amado por toda parte e de todas as coisas faz para si uma escada para se chegar ao trono[10].

São Francisco teve uma compreensão intuitiva do abismo infinito que existe entre a criatura e o Criador. E, em Jesus Cristo, ele viu o Criador construindo uma ponte sobre esse abismo para ser um como nós. A vida inteira de Francisco, após sua conversão, foi responder por sua vida e ações a um esvaziamento tão profundo de Deus, o eterno Criador de todas as coisas. E fez isso louvando e agradecendo a Deus pela obra das mãos de Deus, reverenciando todas as coisas criadas e esvaziando-se de todos os apegos que o impedissem de encontrar o Deus que se encarnou por puro amor-caridade por nós.

Francisco, de acordo com seus primeiros companheiros, costumava chorar profusa e espontaneamente. E quando lhe perguntavam por que ele chorava, respondia: "Porque o Amor não é amado". Essa resposta é a razão pela qual Francisco amava tão profundamente as criaturas. Tudo na criação de Deus existe porque Deus o fez e porque Ele experimentou esse amor, tornando-se um com a criação no mistério da Encarnação. E é por isso que

> Francisco se inflamava em excessivo amor até para com os vermezinhos, porque havia lido o

---

10 1Cel XXX, 80.

que foi dito sobre o Salvador: "Eu sou um verme e não um homem" (Sl 21,7). E, por essa razão, recolhia-os do caminho, escondendo-os em lugar seguro, para que não fossem esmagados pelas pisadas dos transeuntes. – Que direi a respeito das outras criaturas inferiores, quando até às abelhas, no inverno, para não morrerem no rigor do frio, mandava que fosse fornecido mel ou ótimo vinho? Exaltava com tão grande louvor a eficácia do trabalho e o primor das habilidades delas para a glória de Deus que, algumas vezes, passava um dia em louvores a elas e às demais criaturas. Como outrora os três jovens colocados na fornalha de fogo ardente convidavam todos os elementos a louvarem e glorificarem o Criador do universo, assim também este homem repleto do Espírito de Deus, não cessava de glorificar, louvar e bendizer em todos os elementos e criaturas o Criador e governador de todas as coisas.

Quanta alegria julgas que a beleza das flores lhe trazia à mente, quando ele via a delicadeza da forma e sentia o suave perfume delas? Voltava logo o olhar da consideração para a beleza daquela flor que, brotando luminosa no tempo da primavera da raiz de Jessé, ao seu perfume ressuscitou inúmeros milhares de mortos. E quando encontrava grande quantidade de flores, de tal modo lhes pregava e as convidava ao louvor do Senhor, como se elas fossem dotadas de razão. Assim também, com sinceríssima pureza, admoestava ao amor divino e exortava a generoso louvor os trigais e as vinhas, pedras e bosques e todas as coisas belas dos campos, as nascentes das fontes e todo o verde dos jardins, a terra e o fogo, o ar e o vento. – Enfim, chamava todas as criaturas com o nome de irmão e, de maneira eminente e não experimentada por outros, percebia com agudeza as coisas ocultas do coração das criaturas como quem já tivesse alcançado a liberdade gloriosa dos filhos de Deus (cf. Rm 8,21)[11].

A criação, como o exterior, ou a natureza, é o lugar da liberdade onde as leis se baseiam no relacionamento, e não na propriedade, caracterizado pelo nutrir, e não no domínio e no subjugo. É mais o lugar do relacionamento trinitário do que do relacionamento hierárquico, das aberturas em vez de fechamentos. Como o poeta jesuíta Gerard Manley Hopkins diz em seu poema "God's Grandeur" [A grandeza de Deus]: "a natureza nunca se esgota;/Todas as coisas nela vivem num frescor renovado"[12]. Francisco primeiro percebeu essa verdade em seu encontro com Cristo nos leprosos. Se Deus pudesse habitar em alguém que parecesse repulsivo para o jovem Francisco, alguém que outros rejeitaram, então Deus poderia habitar e estar presente entre nós no filho de um pobre carpinteiro de Nazaré.

Uma meditação adicional convenceu Francisco de que Deus habita em tudo que Ele criou; portanto, nada é mau em si mesmo, e tudo é digno de reverência e respeito por causa de seu Criador. Além disso, toda criatura é santificada no mistério da presença de Deus entre nós em Jesus. Jesus santificou toda a criação e, embora fosse de condição divina, tornou-se um com as criaturas e entre as criaturas, animadas e inanimadas.

Essa intuição de Francisco foi explicada e difundida pelo grande filósofo e teólogo franciscano medieval, o Beato João Duns Scotus. Ele chamou esse *insight* de Predestinação Absoluta e Primazia Universal de Cristo, uma frase bastante intimidadora; mas que basicamente significa que Duns Scotus rejeitou a doutrina predominante da época segundo a qual a Encarnação do Verbo se-

---

11 1Cel XXX, 80-81.
12 Manley Hopkins, G. *Poemas*. Trad. Aíla de Oliveira Gomes. São Paulo: Cia das Letras, 1989.

ria o resultado do pecado de Adão, que Jesus teria vindo ao mundo porque Adão pecou, e precisávamos de salvação. Duns Scotus rejeitou esse pensamento porque achou inconcebível que a Encarnação dependesse de algo tão negativo quanto o pecado. Ele escreve:
> Digo então que a queda não foi a razão da predestinação de Cristo. Mesmo que nenhum anjo tivesse caído, nem nenhum humano, Cristo ainda teria sido predestinado – sim, mesmo que nenhum outro tivesse sido criado, exceto apenas Cristo[13].

Essas palavras de Duns Scotus estabelecem Cristo como o auge da criação, contendo em si o modelo de tudo o que é criado e como a principal intenção de Deus em comunicar as perfeições de Deus. Gerard Manley Hopkins, que foi profundamente influenciado por Duns Scotus, declara em seus escritos espirituais: "A primeira intenção de Deus fora de si mesmo, ou como se costuma dizer, *ad extra* (para fora), a primeira expansão do poder de Deus, foi Cristo" (S, 197). Simplificando, isso significa que Cristo *é* desejado pela Trindade por toda a eternidade por amor, independentemente do pecado e da redenção.

Portanto, para Duns Scotus, a Encarnação é um ato de amor que teria ocorrido de uma forma ou de outra, independentemente de haver ou não algum pecado. Como estudioso franciscano, Frei Alan Wolter colocou em uma de suas palestras: "Deus como Deus não poderia realizar o ato de natureza inferior; então, desde toda a eternidade, Deus desejou se tornar uma criatura para expressar aquele aspecto do amor de Deus que era impossível apenas para Deus, ou seja, amar a si mesmo de dentro de Sua criação".

Duns Scotus argumenta que Cristo é o primeiro nas intenções de Deus. Cristo é aquele que é infinitamente capaz de render a Deus a glória suprema e o amor perfeito. Ele foi o primeiro a

---

13 DUNS SCOTUS. *Parisiensia, III, vii, 4.*

ser concebido na mente do Criador ao projetar um plano criativo. Cristo foi livremente querido e amado em Deus, não como improvisação ou segundo um palpite, apenas para reparar a ferida do pecado. Como afirma São Paulo em sua Segunda Epístola aos Colossenses:

> Ele é a imagem do Deus invisível, o primogênito de toda a criação, pois é nele que foram criadas todas as coisas, no céu e na terra, os seres visíveis e os invisíveis, tronos, dominações, principados, potestades; tudo foi criado por Ele e para Ele. Ele existe antes de todas as coisas e nele todas as coisas têm consistência. Ele é a Cabeça do corpo, que é a Igreja; é o princípio, o primogênito dentre os mortos, de sorte que em tudo tem a primazia. Pois Deus quis fazer habitar nele toda a plenitude e, por Ele, reconciliar consigo todos os seres, tanto na terra como no céu, estabelecendo a paz, por meio dele, por seu sangue derramado na cruz.

É, então, por ser Cristo o perfeito adorador de Deus que pode ser estabelecida uma ponte perfeita entre as criaturas e o Criador, algo que poderia inclusive transpor a distância criada pelo pecado. O pecado não foi o primeiro na intenção de Deus; mas, porque pecamos, quando Deus veio entre nós, a perfeita adoração de Cristo foi seu sacrifício perfeito. Ele não veio para reparar o pecado; Ele veio para ser primogênita criatura perfeita; mas porque pecamos, Cristo nos mostrou quão grande é o amor de Deus: Deus não apenas se torna um de nós, mas morre conosco e por nós e nos reconcilia por sua morte na cruz.

São Francisco tinha plena consciência de que Cristo é o primogênito de *todas as* criaturas, não apenas dentre os humanos. E assim temos muitas histórias sobre Francisco e os animais na tradição franciscana.

Nos seus últimos dias, quando os irmãos pareciam não ouvir mais suas advertências e os ensinamentos do Evangelho, e quando ele se sentia distante daqueles que estavam mudando o modo de vida que Cristo lhes havia dado, Francisco subia uma montanha ou entrava na floresta e pregava para os animais. E eles vinham até ele e pareciam estar ouvindo – pelo menos ficavam em silêncio – e pequenos animais ou pássaros vulneráveis, principalmente, sentavam-se em seu colo ou pousavam sobre seus ombros. Ali se sentiam seguros, e ele os cuidava.

Uma vez, perto do eremitério dos irmãos em Greccio, um irmão lhe trouxe uma jovem lebre que fora libertada de uma armadilha. Ele imediatamente sentiu compaixão pela lebre e disse, como se estivesse se dirigindo a um dos irmãos: "Irmã Lebre, por que foste apanhada?" E a lebre tentava se esquivar das mãos do irmão que então a deixou que fosse para Francisco. Ela pulou em seu colo e, não mais se encolhendo, relaxou como estivesse aninhada com sua própria mãe.

Francisco sentiu carinho pela pequena criatura e acariciou-a como uma mãe faria. Então ele colocou a lebre no chão. Mas esta imediatamente saltou de volta para o colo dele várias vezes, até que Francisco pediu ao irmão que havia encontrado a lebre presa para levá-la às profundezas da floresta próxima, onde ela retornou ao mundo da natureza, que é ao mesmo tempo refúgio e perigo.

Talvez seja isso que Francisco devia fazer com seus irmãos: que eles o procurassem como a uma mãe e que depois se libertem... livres para entrar no mundo de sua regra de vida, onde eles não seriam mais controlados por ele, mas livres para escolher a Regra, que lhes seria o refúgio das armadilhas que o mundo inevitavelmente armaria para eles.

Suas próprias consciências e sua Regra. Eles eram seus guias através dos bosques onde havia o refúgio e o perigo. A consciência e a Regra mostrariam a eles como amar cada criatura da floresta como irmão ou irmã, sem serem presos por amarem a criatura mais do que o criador cujo amor é infinito e eterno e que passou um tempo entre nós como um ser humano.

Francisco estava na floresta escura do mundo: algo que estava principalmente dentro de sua própria mente; e então o Senhor falou com ele em sonho e fora do sonho, e o que antes parecia sombrio e proibitivo se transformou em uma luz que superou a escuridão. E essa luz é Cristo. A consciência e a Regra se apegariam à luz, mesmo com as trevas tentando superá-la. E essa Luz ilumina todo o criado e o torna bom, pois a Luz que é Cristo brilha mais do que o amor de uma mãe.

Por isso amou todas as criaturas; ele sabia de onde vieram e quem as sustenta. Como então podemos abusar ou negligenciar esses sinais e presenças do Deus vivo? Fazer isso seria o mais mortal dos pecados, pois nos separaria do sinal da presença de Deus entre nós, a saber, tudo o que Deus fez.

"Irmãos", ele queria gritar, "apegai-vos à Regra e à vossa consciência. Vossa consciência vos conduzirá de volta a Deus; a Regra vos conduzirá ao Evangelho, onde Cristo, que é o Caminho, a Verdade e a Vida, mostra-nos quem somos nós e quem são todas as criaturas, filhos da Luz que brilha entre as trevas".

Há uma cena aterrorizante no grande romance de Ignazio Silone, *Vinho e pão*, em que Cristina, depois de ler o diário de Pietro Spina e percebendo que ele não é um padre, mas um comunista fugitivo disfarçado porque perseguido pela polícia fascista e que ele a ama, decide persegui-lo nas montanhas dos Abruzos em meio a uma tempestade de neve. Exausta e cega pela neve, ela continua chamando o nome dele até cair na neve profunda:

        E de vez em quando continuava a chamá-lo:

        – Pietro, Pietro.

A certo ponto, ao longe respondeu uma voz, mas não se tratava de voz humana. Parecia o uivo de um cão, só que mais agudo e prolongado. Cristina provavelmente reconheceu que seria o uivo do lobo. O uivo da presa. A convocação para outros lobos se espalhou pela montanha. O convite para a festa. Pela neve que soprava e pela escuridão da noite que se aproximava, Cristina viu um animal selvagem vindo em sua direção, aparecendo rapidamente e desaparecendo nos mergulhos e subindo na neve. Ela viu outros aparecerem à distância. Ajoelhou-se, fechou os olhos e fez o sinal da cruz[14].

A primeira vez que li esse final devastador, pensei na história do lobo de Gubbio e em como Francisco conseguiu domar esse lobo solitário. Eu me perguntava, por que o lobo estava sozinho? Ele era o lobo alfa que, uma vez encontrado a presa, uivava para a fêmea alfa e para o resto do bando, que geralmente é a descendência dos dois lobos alfa? Ou os outros lobos estavam mortos e ele permaneceu sozinho, ou ele havia sido separado dos outros de alguma forma e acabou fora da cidade de Gubbio, aterrorizando os cidadãos da cidade? Seja qual for o caso, a história de Francisco e o lobo de Gubbio acaba nos *Fioretti* [Florinhas] de São Francisco, uma coletânea composta por volta de 1330, sendo, portanto fontes mais tardias da vida de São Francisco, que morreu em 1226. Essa história não aparece nem na primeira biografia de São Francisco escrita por Frei Tomás de Celano, de 1229, nem na segunda biografia escrita pelo mesmo autor, de 1247. A primeira referência clara à história ocorre em torno de 1290, na Legenda Versificada de São Francisco, do poeta francês Henrique de Avranches. Um

---

14 SILONE, I. *Vino e pane*. Milão: Mondadori, 2004, p. 292 [trad. direta do orig. italiano].

aceno da história aparece em uma crônica do século XIII do mosteiro beneditino de São Verecundo em Vellingegno entre Gubbio e Perúgia:

> Tarde da noite, enquanto Francisco passeava com um companheiro em um burro pela estrada de São Verecundo, com um saco grosso sobre os ombros, alguns trabalhadores da fazenda o chamaram, dizendo:
> – Irmão Francisco, fica conosco e não segue adiante, porque alguns lobos ferozes rondam por estas bandas e podem devorar teu burro e ainda te machucar.
> Então São Francisco disse:
> – Não fiz mal ao irmão Lobo para que ele ouse devorar nosso irmão burro. Adeus, meus filhos. E temei a Deus.
> Então São Francisco seguiu seu caminho. E não se feriu. Um fazendeiro presente nos contou isso[15].

Apesar da data relativamente tardia da completa história do lobo de Gubbio, há algo de arquetípico nessa história, algo que está dentro e fora dos seres humanos. Além disso, os lobos são comuns na Itália há anos e anos. Em 1956, bandos de lobos famintos mais uma vez aterrorizavam os moradores da região central da Itália. Os pobres e vulneráveis temem lobos, uma vez que ameaçam seus animais e crianças; ou ainda não se trata propriamente de lobos, mas de humanos ávidos que devoram o sustento dos pequenos e os ameaçam com dor e sofrimento se não entregarem a maior parte do que são capazes de produzir para esses "lobos em pele de cordeiro" que possuem a terra ou pagam quase nada pelo trabalho alheio.

---

15 *Omnibus*, 1503.

Assim entra São Francisco na mitologia dos pobres. Ele domestica o lobo; ele fala com ele como um irmão, chamando-o de "irmão lobo". Ele assegura às pessoas da cidade de Gubbio que o lobo nunca mais as prejudicará se fornecerem comida suficiente para ele comer. Algo foi restaurado, uma espécie de paraíso onde o cordeiro e o lobo se deitam juntos em paz. Algo deformado tornou-se belo novamente por meio de uma espécie de contrato social entre o mundo animal e o mundo humano, entre os que têm e os que não têm. Todos esses elementos estão contidos nesse conto de fadas, em que todos viveram felizes para sempre. É por isso que a história está nos *Fioretti*, um dos clássicos da literatura ocidental. E incluo essa história neste livro sobre os ensinamentos de São Francisco porque muito da espiritualidade franciscana nos é transmitido nessas histórias. A espiritualidade franciscana é espiritualidade da história, não uma metodologia, e, portanto, concluo uma das grandes histórias da tradição franciscana, uma história que tipifica por que São Francisco é o santo padroeiro dos pacificadores e dos animais, por que ele é retratado em arte repetidamente conversando e ouvindo os animais. Aqui está minha releitura dessa preciosa história baseada na moderna tradução inglesa de Raphael Brown do texto que os frades medievais nos legaram.

* * *

Certa vez, quando São Francisco estava em Gubbio, aconteceu algo maravilhoso que o tornou famoso entre as pessoas de lá.

No campo perto de Gubbio, havia um lobo grande e feroz que, de tão faminto, estava matando não apenas animais, mas também seres humanos. Os cidadãos de Gubbio viviam aterrorizados porque o lobo frequentemente perseguia os que saíam dos portões da cidade. Eles começaram a portar armas quando saíam da cidade, como se estivessem indo para a guerra. Mas suas armas se mostravam inúteis quando o lobo as surpreendia no caminho e se viam frente a frente com sua boca faminta. E começaram a ter medo de deixar a cidade.

Então Deus, desejando revelar aos cidadãos de Gubbio a santidade de Francisco, moveu o santo a ir como mensageiro de Deus e encontrar o lobo. Mas quando São Francisco disse ao povo o que Deus lhe havia dito para fazer, protestaram dizendo: "Irmão Francisco, cuidado! Não deves sair do portão. Alguns cidadãos armados tentaram confrontar o lobo e nunca mais voltaram. Ele certamente te matará, irmão Francisco, pobre mendigo desarmado que és. Ele mostrará seus dentes afiados e te atacará". Mas São Francisco já havia depositado sua esperança em Jesus Cristo, que é Senhor de todas as criaturas. E foi assim que, armado apenas com o sinal da cruz, saiu bravamente da cidade com um de seus irmãos. Ele disse a seu companheiro que tudo que eles precisavam fazer era depositar sua fé e confiança no Senhor, que dizia que aqueles que cressem nele andariam entre áspides e basiliscos e até entre lobos, leões ou dragões. E com isso os dois avançaram para encontrar o lobo.

Então alguns camponeses, que seguiam hesitantes a alguma distância, pararam e disseram: "Irmão Francisco, não podemos ir mais longe; isso é muito perigoso". "Tudo bem", disse São Francisco. "Esperai aqui. E tu também, irmão. Agora vou sozinho para o covil do lobo".

Naquele momento, ao ver as pessoas que estavam de pé junto à muralha da cidade, o lobo veio correndo, com a bocarra aberta, certeiro na direção de Francisco e seu companheiro.

São Francisco, porém, ficou parado, firme e fez o sinal da cruz sobre o lobo. E o poder de Deus, fluindo agora não apenas de São Francisco, mas também do irmão que o acompanhava, controlou o lobo em seu caminho, e de repente fechou a boca voraz e começou a desacelerar para caminhar.

Então São Francisco chamou o lobo: "Vem cá, irmão Lobo. Em nome de Cristo, ordeno que não me machuques, nem a meu irmão, nem a ninguém".

E é maravilhoso dizer que o lobo abaixou a cabeça e deitou-se como um cordeiro manso aos pés de São Francisco, que disse gentilmente mas com firmeza: "Irmão Lobo, ó irmão Lobo, fizeste muito mal nesta região, e cometeste crimes horríveis matando teus semelhantes sem piedade. Estás matando não apenas os animais, mas também os humanos, que são criados à imagem de Deus. Tu mereces ser morto como o pior ladrão e assassino. E agora a cidade inteira é tua inimiga. Mas, meu irmão, Deus quer que eu faça as pazes entre ti e eles, para que não os machuques mais, e eles, por sua vez, perdoarão todas as tuas ações passadas, para que nem humanos nem cães te cacem nunca mais".

O lobo mostrou que concordava com esse plano, abanando não apenas a cauda, mas todo o corpo e balançando a cabeça.

Então São Francisco falou novamente: "Bom irmão Lobo, como estás disposto a manter esse pacto de paz, prometo que o povo de Gubbio te alimentará todos os dias enquanto viveres. Nunca mais sofrerás uma fome tão grande a ponto de ficares tentado a matar ou mutilar para te saciares. Mas preciso de tua promessa, irmão Lobo, de que, em troca desse favor, nunca mais prejudicarás nenhum animal ou ser humano. Podes me prometer isso?"

E o lobo acenou com a cabeça como que a prometê-lo.

Mas São Francisco disse: "Preciso de mais um sinal e compromisso de que cumprirás tua promessa. E estendeu a mão".

O lobo então levantou a pata da frente e gentilmente a colocou na palma da mão aberta de São Francisco como um sinal de seu comprometimento pela promessa.

Então São Francisco disse: "Agora, o irmão Lobo, em nome de Jesus Cristo, vem comigo para a cidade e não tenhas medo, porque as pessoas agora farão suas pazes contigo e te darão o prometido".

E eles entraram juntos, o lobo ao lado de São Francisco se estendendo tão manso quanto um cordeiro.

As notícias do que acontecia se espalharam rapidamente, de modo que toda a cidade começou a se reunir no mercado para ver essa incrível obra do santo de Deus.

E quando todos se reuniram, São Francisco começou a pregar-lhes, entre outras coisas, como essa calamidade os atingiu por causa de seus pecados. E eles deveriam temer as dores do inferno ainda mais do que temiam o lobo que só poderia matar seus corpos. "Então, cidadãos de Gubbio, retornai ao Senhor e fazei penitência por vossos pecados, e Deus vos libertará do lobo neste mundo e do inferno no mundo que virá".

Então acrescentou: "Ouvi, ó povo! O irmão Lobo, que está aqui entre nós, me prometeu viver em paz convosco e nunca vos machucar se prometerdes alimentá-lo todos os dias. E me comprometo como garante desse pacto entre vós".

Então todas as pessoas falaram em voz alta, prometendo e comprometendo-se a alimentar o irmão Lobo. E São Francisco virou-se para o lobo e disse: "E tu, irmão Lobo, cumprirás tua promessa de não ferir nenhum animal ou ser humano?"

O lobo então se ajoelhou e, inclinando a cabeça, abanou novamente todo o corpo e balançou as orelhas para mostrar que manteria sua parte no trato.

Mas São Francisco, querendo assegurar o povo, disse: "Irmão Lobo, deste-me tua promessa do lado de fora do portão. Agora quero que o confirmes novamente na frente de todas essas pessoas de boa-vontade".

E o irmão Lobo mais uma vez levantou a pata e a colocou na mão de São Francisco.

Então todo o povo se alegrou e agradeceu a Deus por ter-lhes enviado São Francisco para estabelecer a paz entre eles e o lobo e restaurar a alegria e a tranquilidade de sua cidade.

E aconteceu que, a partir daquele dia, o lobo e os cidadãos de Gubbio mantiveram todos o compromisso assumido.

O lobo viveu mais dois anos, indo de porta em porta quando estava com fome. E se diz que nem um único cão latia para o irmão Lobo.

E quando o lobo finalmente morreu, o povo ficou triste e abatido porque havia amado o irmão Lobo com sua mansa gentileza e paciência, e porque ele os lembrava da santidade e das virtudes de São Francisco, cuja intercessão a Deus realizou tão grande milagre sem sua cidade.

Louvado seja nosso Senhor e Salvador, Jesus Cristo. Amém.

* * *

Anos atrás, quando li essa história pela primeira vez, pareceu-me que serviria tanto como uma história de milagre quanto como uma alegoria. Perguntei-me: "O lobo poderia simbolizar algo dentro de nós que precisamos atender e fazer as pazes?" E a resposta veio ao escrever este parágrafo no meu primeiro livro, *Francis: The Journey and the Dream* [Francisco: a jornada e o sonho]:

> Assim que ouviu as notícias sobre o lobo de Gubbio, Francisco sentiu simpatia por ele. Havia algo do lobo em toda a natureza, aquela fome voraz, aquela busca inquieta, aquela descoberta das presas, tão simbólica do que era selvagem e violento em todos nós. Mas ele viu no lobo não tanto o perseguidor como o perseguido. Todo mundo temia lobos e não gostava deles, e ele viu

nos olhos dos lobos um medo, um olhar caçado, uma raiva e hostilidade que queriam devorar tudo à vista para vingar sua própria mágoa e alienação. Os lobos, afinal, eram como pessoas. Se as temes, ostracizas e excluis, elas acabarão se transformando no que temias que fossem[16].

Olhando para trás quase cinquenta anos, essa passagem parece profética do que está acontecendo no mundo hoje. Parece-me que há muito espaço para cuidar do nosso lobo interior.

A SABEDORIA DE SÃO FRANCISCO

Francisco abraçava todas as criaturas com afeto e devoção jamais vistos, e falava com elas sobre o Senhor, convidando-as a louvá-lo.

Tomás de Celano, *Segunda Vida, 165,7*

A dele era uma mansidão extraordinária, não apenas em relação às outras pessoas, mas também em relação aos animais. Chamava a todos os animais de 'irmão' ou 'irmã' e lemos na história de sua vida como até os animais selvagens acorriam a ele como amigos e companheiros.

De um sermão de São Boaventura, 4 de outubro de 1255

Num certo dia, pois, como tivesse chegado à aldeia de Alviano para pregar a Palavra de Deus, subindo num lugar mais alto para ser visto por todos, começou a pedir silêncio. E estando todos em silêncio e pondo-se reverentemente de pé, muitas andorinhas, que faziam ninho no mesmo lugar, gorjeavam e faziam muita algazarra. Estando elas a tagarelar, porque o bem-aventurado Fran-

---

16 BODO, M. *Francis: The Journey and the Dream.* Cincinnati: St. Anthony Messenger Press, 1988, p. 51.

cisco não podia ser ouvido pelas pessoas, falou às aves dizendo: "Minhas irmãs andorinhas, já é tempo que fale também eu, porque falastes até agora. Ouvi a palavra do Senhor e ficai em silêncio e quietas, até que se conclua a palavra do Senhor. E as próprias aves, diante da estupefação e admiração dos que estavam presentes, imediatamente se calaram e não se moveram daquele lugar até que ele terminasse a pregação.

Tomás de Celano, *Primeira Vida de São Francisco*, 59,1-5

Numa ocasião, como estivesse num barco perto de um porto no lardo de Rieti. Um pescador, capturando um grande peixe, que vulgarmente se chama tenca, ofereceu-lho com devoção. Ele, recebendo-o alegre e benignamente, começou a chamá-lo com o nome de irmão e, recolocando-o na água fora do barco, começou a bendizer devotamente o Senhor. E assim, por algum tempo, enquanto continuava em oração, o dito peixe, brincando na água perto do barco, não se retirava do lugar em que ele o colocara até que, terminada a oração, o santo de Deus lhe desse a licença de retirar-se.

E assim o glorioso Pai Francisco, percorrendo o caminho da obediência e abraçando perfeitamente o jugo da submissão a Deus, conseguiu grande dignidade diante de Deus na obediência das criaturas.

Tomás de Celano, *Primeira Vida de São Francisco*, 61,2-5

Onipotente, santíssimo, altíssimo e sumo Deus,
Pai santo e justo,
Senhor rei do céu e da terra,
por ti mesmo te damos graças,
porque por tua santa vontade
e por teu único Filho com o Espírito Santo

criaste todas as coisas espirituais e corporais
e a nós, feitos à tua imagem e semelhança, colocaste no paraíso.

Regra não bulada, 23

De manhã, quando nasce o sol, todos deveriam louvar a Deus que o criou para a nossa utilidade, porque é por Ele que nossos olhos são iluminados de dia. À tarde, quando anoitece, todas as pessoas deveriam louvar a Deus pelo irmão fogo, pelo qual nossos olhos se iluminam de noite. Pois todos somos como cegos e, por estes nossos dois irmãos, o Senhor ilumina nossos olhos. E assim, devemos louvar o Criador particularmente por essas e pelas outras criaturas que usamos todos os dias.

Espelho da perfeição, 119

Sétimo ensinamento

A alegria do humilde louvor e serviço de Deus

> *Um ser humano é parte do todo, chamado por nós de "Universo", uma parte limitada no tempo e no espaço. Ele experimenta a si mesmo, seus pensamentos e sentimentos como algo separado do resto – uma espécie de ilusão ótica de sua consciência. O esforço para libertar-se dessa ilusão é a única questão da verdadeira religião. Não alimentar essa ilusão, mas tentar superá-la é a única forma de termos alguma de paz de espírito.*
>
> Albert Einstein em uma carta datilografada ao Dr. Robert S. Marcus, 12 de fevereiro de 1950.

Dois anos antes de sua morte, Francisco recebeu a graça de ver o quadro completo, em vez de apenas a imagem fragmentada de seu próprio mundo, o mundo dele e de seus seguidores, as pessoas que ele conheceu ao longo do caminho, as preocupações do seu pequeno mundo. A física deve se tornar primeiro uma espécie de metafísica. Como o físico David Bohm, do século XX, disse certa vez: "Precisamos mudar a física; em vez de começar com as partes e mostrar como elas se relacionam, devemos começar com o todo". Essa é a visão que Deus ofereceu a São Francisco no final de sua vida e foi assim que sabemos disso:

Depois de receber os sagrados estigmas em 1224, dois anos antes de morrer, Francisco retornou a Assis. Mas ele não foi à sua amada Porciúncula, Santa Maria dos Anjos, e sim a São Damião, onde moravam Clara e suas irmãs, e onde ele ouvira a voz de Cristo crucificado dizendo: "Francisco, vai e restaura minha Igreja que como vês, está caindo em ruínas". Foi isso que ele tentou fazer e agora sua vida na terra se aproxima do fim.

Ele era, para todos os efeitos práticos, cego por conta do tracoma contraído em Damieta, no Egito, quando lá esteve por conta da V Cruzada. Ele também estava sofrendo das feridas de Cristo. De tão fraco, foi atormentado por mais de cinquenta dias em uma pequena cabana ao lado do mosteiro das clarissas de São Damião, com ratos de campo correndo sobre seu emaciado corpo. Preso como estava em seu próprio corpo, quão terríveis devem ter sido as lembranças de sua prisão em Perúgia! Estava profundamente deprimido com a direção que alguns irmãos estavam seguindo, parecendo ter abandonado Senhora Pobreza.

Então, quando ele estava em seu ponto mais profundo de quase desespero, a Voz e a visão mais uma vez agraciou sua vida em declínio.

* * *

Escuridão novamente. E dor. Desta vez são seus olhos. Eles doem tanto que ele não pode descansar, não pode dormir ou rezar. Mais uma vez, ele está na prisão e tem medo, mesmo aqui nesta pequena cabana que Clara e as outras pobres senhoras prepararam para ele ao lado de São Damião.

Cansadíssimo; faz apenas um mês que ele retornou ao Vale da Úmbria depois da longa e dolorosa jornada do Alverne. Ele não consegue mais andar. Precisou montar um jumento desde o Alverne por causa da dor causada pelos cravos nos pés, os cravos da paixão de Cristo. Cravos também nas mãos e uma ferida no lado. Todos eram dons de amor de seu Filho Amado – Jesus, seu Senhor e Deus.

Com todos esses fardos, Francisco está deprimido, não por causa da dor ou de seus olhos cegos, que não conseguem suportar a luz do sol durante o dia ou mesmo uma vela durante a noite sem hemorragia. Essa dor ele pode suportar. Mas o sofrimento adicional a deprimi-lo vem da direção a que os irmãos estão conduzindo a Fraternidade. Eles estão construindo casas, ao contrário da Regra, e parecem adquirir constantemente mais livros, como se a Salvação viesse desses livros e do conhecimento que eles oferecem. Em tudo isso, estão abandonando Senhora Pobreza, bem como o conhecimento que realmente importa, o conhecimento de Jesus Cristo.

E agora também, como naquela terrível prisão em Perúgia, ele não pode descansar porque os ratos do campo rastejam sobre seu corpo, e ele na escuridão, sua memória aumentando e exagerando o que ele não pode ver.

Francisco sangra na alma e no corpo. E esta noite é quase demais para suportar. Ele clama ao Senhor: "Ajuda-me, Senhor, com esta dor e sofrimento. Ajuda-me a suportar pacientemente!

E o Senhor o ouve. Francisco novamente ouve a Voz nas profundezas de sua alma.

"Francisco, meu irmão, ouve minha voz. Se toda a terra e o tecido do universo se transformassem em ouro puro, pedras e rochas se transformassem em pedras preciosas, e tua dor fosse removida, e então, além disso, e como recompensa por toda tua dor e sofrimento, recebesses um tesouro tão precioso que nem o ouro nem as joias preciosas poderiam ser mencionados em comparação; não te regozijarias e alegremente suportaria o que carregas agora?"

"Oh, sim, Senhor. Eu ficaria feliz e cheio de alegria e me regozijaria com toda a minha alma!"

"Então, Francisco, alegra-te e sê feliz. Tua doença e sofrimento são a promessa, a promessa do meu reino. Por mérito de tua paciência e longanimidade, podes estar firme e seguro de que estás no meu reino."

Essa história é a razão pela qual Francisco decidiu cantar *O Cântico das Criaturas*, que contém o sétimo ensinamento de São Francisco. Na manhã seguinte, a Voz já silenciosa, Francisco contou aos irmãos o que aconteceu e depois disse: "Portanto, para a glória de Deus, para minha consolação e edificação de outros, quero compor um novo 'Louvor do Senhor' para todas as criaturas de Deus. Diariamente, deixamos de apreciar uma bênção tão grande por não louvarmos como deveríamos o Criador e distribuidor de todos esses dons". Ele se sentou, concentrou-se e começou a cantar:

    Altíssimo, onipotente, bom Senhor,
    Teus são o louvor, a glória, a honra e toda a bênção
    Só a ti Altíssimo, são devidos;
    e homem algum é digno de te mencionar.
    Louvado sejas, meu Senhor,

    com todas as tuas criaturas,
    Especialmente o Senhor irmão Sol,
    Que clareia o dia e com sua luz nos alumia.
    E ele é belo e radiante com grande esplendor.

    De ti, Altíssimo, é a imagem. Louvado sejas, meu Senhor,
    Pela irmã Lua e as Estrelas, que no céu formaste claras
    E preciosas e belas.

Louvado sejas, meu Senhor, pelo irmão Vento,
Pelo ar, ou nublado ou sereno, e todo o tempo,
Pelo qual às tuas criaturas dás sustento.

Louvado sejas, meu Senhor pela irmã Água,
Que é mui útil e humilde e preciosa e casta.

Louvado sejas, meu Senhor, pelo irmão Fogo.
Pelo qual iluminas a noite. E ele é belo e jucundo
E vigoroso e forte.

Louvado sejas, meu Senhor, por nossa irmã a mãe Terra,
Que nos sustenta e governa, e produz frutos diversos
E coloridas flores e ervas.

Louvado sejas, meu Senhor, pelos que perdoam por teu amor,
E suportam enfermidades e tribulações.

Bem-aventurados os que sustentam a Paz, que por ti, Altíssimo, serão coroados.

Louvado sejas, meu Senhor,
Por nossa irmã a Morte corporal, da qual homem algum pode escapar. Ai dos que morrerem em pecado mortal!

Felizes os que ela achar conformes à tua santíssima vontade,
Porque a morte segunda não lhes fará mal! Louvai e bendizei a meu Senhor, e dai-lhe graças, e servi-o com grande humildade.

Em certo sentido, o que a Voz disse a Francisco é o que ele já sabia, que abaixo do que aparece na superfície está o ouro inestimável do que tudo realmente é: a preciosa criação de Deus. E ainda maior que a coisa criada é sua recriação na eternidade. Tudo será um novo céu e uma nova terra e está lutando para ser assim já agora. Os seres humanos que se juntam aos sofrimentos, às dores de parto de toda a criação tornam-se transformados por sua paciência e longo sofrimento e veem imediatamente que o reino vindouro de Deus já está sendo realizado neles e com eles. Pois tudo sofre mudança, e apenas seres humanos capazes de ver e entender podem abraçar essa mudança de bom grado, mesmo quando isso comporta escuridão e sofrimento.

O que Francisco passara a acreditar sobre tudo isso, e especialmente sobre a interconexão de todo o universo, ele agora sabe com certeza por causa da visão que lhe foi dada em sua cela escura de sofrimento em São Damião. E essa revelação, essa voz, lhe dá uma maneira de expressá-lo, nomeadamente por meio de um cântico, um poema cantado de louvor a Deus *através*, *com*, *em*, *para* e *por meio* das criaturas de Deus, que se tornaram irmãos e irmãs de Francisco, tanto as animadas quanto as inanimadas.

E assim ele diz a seus irmãos que entoará um *novo* hino de louvor a Deus em cujo reino já moramos, e cuja perfeição será revelada quando abraçarmos nossa irmã a morte corporal, e ela nos encontrar vivendo na santíssima vontade de Deus.

Francisco respondeu à voz reveladora de Deus dizendo que abraçaria alegremente seus sofrimentos e dores, sabendo agora com certeza que estes serão o penhor de entrar no Reino de Deus, da perfeita interconexão indolor com todas as coisas criadas e entre elas.

Francisco soube que isso era verdade por uma vida inteira aprendendo a viver com todas as criaturas, amando-as e servindo-as, e dando graças a Deus por elas. E agora, dois anos antes de abraçar a irmã Morte, Deus garante a Francisco e a nós que tudo pertence a tudo o mais, e tudo pertence a Deus. Assim, tudo é santo e digno de cuidado, e reverência e um hino de louvor a Deus.

Francisco agora sabe como expressar o que sabia há anos, mas ele não sabia que sabia disso até ouvir a voz de Deus e começar a cantar, cada palavra mostrando o que ele não sabia que sabia. E essa música lhe deu grande alegria na composição e no canto, pois Deus é. E servir e cantar a Deus é viver para sempre.

Mas se pensarmos que cantar e servir criaturas por si só traz alegria, Francisco nos lembra que a "alegria cantada" surge dessa outra alegria que ele chama de Perfeita Alegria, e que vem de amar e servir o Cristo Crucificado, a história do amor que tornou possível todos os outros amores.

Quando jovem, recuperando-se da guerra em uma espécie de névoa pós-traumática, apaixonou-se por Jesus e seu Evangelho do amor. E permaneceu a vida inteira nesse amor, sofrendo ao ver Cristo novamente sendo rejeitado e morrendo no tempo de Francisco. Até alguns de seus próprios irmãos pareciam-lhe com Judas na traição ao Cristo pobre, que era *a* revelação do amor de Deus, entrando em sua própria criação por amor absoluto por nós. Francisco ajudou a ressuscitar o Cristo dos Evangelhos, que mostrou a Francisco o caminho que sozinho renovaria a Terra e toda a vida que nela habita.

"Vai e restaura minha casa", diz Jesus a Francisco, enquanto orava diante do Crucifixo de São Damião. "Vai e restaura minha casa, que, como vês, está caindo em ruínas." Ele não apenas reparou a casinha de São Damião, mas a casa maior onde Deus mora, a própria Terra.

Ele reparou a Terra começando primeiro com uma igreja, que era para Francisco a nova arca da aliança, a morada de Deus entre nós. Uma igreja em ruínas sim, mas também a terra sobre a qual repousa e todas as criaturas que nela habitam e dentro dela, e os mares cujas águas o próprio Jesus se acalmou e de cujas profundezas peixes de todos os tipos alimentaram e nutriram o povo de Deus e outras criaturas. Tudo vem de Deus, é de Deus e está em Deus, abençoado e sustentado em sua existência. Era isso que precisava ser renovado e reconstruído, ouvindo e atendido nas palavras do Evangelho.

O Evangelho era para viver, e distorcê-lo para o contrário seria trair o Amor que é Jesus Cristo. Aprender a amar cada pessoa por causa de Deus que veio habitar entre nós na pessoa de Jesus Cristo é o modo como a casa de Deus é reparada. O fruto desse amor de Cristo é alegria. O preço desse amor é tristeza pelas traições, nossas e das dos outros, a um amor tão grande.

Esse amor incrível se torna real em Jesus Cristo, que é esposo da alma de Francisco, um amante tão belo e bom que ele nem imagina se deixar separar desse Cristo. O pecado é não corresponder a esse amor infinito. E Francisco estava determinado a não deixar que nada o separasse de Cristo Jesus; nada o separará de tamanho amor. Ele deve ter encontrado grande consolo e esperança das palavras de São Paulo:

> Quem nos separará do amor de Cristo? Tribulação, angústia, perseguição, fome, nudez, perigo, espada? [...] Mas, em tudo isso, somos mais que vencedores, graças àquele que nos amou. Tenho certeza de que nem a morte, nem a vida, nem os anjos, nem os principados, nem o presente, nem o futuro, nem as potências, nem a altura, nem a profundeza, nem outra criatura qualquer será capaz de nos separar do amor de Deus, que está no Cristo Jesus, nosso Senhor (Rm 8,35.37-39).

O caminho de São Francisco não foi separar-se de toda a criação, mas unir-se a Cristo em seu amor pela criação de suas mãos. A revolução que São Francisco se tornou em sua própria pessoa tem sua fonte no íntimo relacionamento com o Cristo ressuscitado e presente em todas as coisas pelo Espírito Santo. Francisco vê *em* Cristo porque ele vive em Cristo. Tudo é redimido e santificado no Cristo que vive nele e por quem ele vê, por assim dizer, com os olhos de Cristo. Ele não precisa de fatos científicos para ver o que está acontecendo com o mundo ao nosso redor, o mundo em que pisamos. Ele vê o Cristo ferido na Terra ferida, na pessoa ferida e quebrantada. Essa centralidade de Cristo é mística e real, histórica e transcendente, além de iminente.

Então pode fluir livremente a outra alegria, a alegria em que geralmente pensamos quando pensamos em São Francisco, a alegria que do divertimento. Esta pode ser mais bem expressa nesta citação pelo biógrafo de William Blake, Alexander Gilchrist. Ele dizia que Blake era "uma criança divina cujos brinquedos eram sol, lua e estrelas, os céus e a terra"[17].

É este o Francisco que pegaria um graveto no chão e o colocaria sobre o braço esquerdo. Então, com o braço direito, ele imaginaria um arco dobrado com um fio, como que a tocar violino, cantando sobre o Senhor em francês. Esse é o Francisco cujos cânticos de louvor foram entoados em vernáculo, para que pudessem ser entendidos e facilmente memorizados, por todos, letrados e iletrados. Esse é o Francisco que, na primeira vez em que foi à Toscana, perto do Monte Alverne e se deparou com o Castelo de Montefeltro, viu imediatamente que algum tipo de celebração estava acontecendo entre os cavaleiros. Ele subiu ao castelo e viu que se tratava de um banquete para comemorar os recentes cavaleiros de um dos condes de Montefeltro. Vendo que havia muitos nobres no lugar, Francisco disse a Frei Leão: "Vamos ao festival. Com a ajuda de Deus, podemos colher uma grande colheita espiritual".

Eles entraram no pátio onde os nobres estavam reunidos e Francisco pulou em um muro baixo e começou a pregar, tomando essas palavras como seu tema.

Tanto è il bene ch'io aspetto
Ch' ogni pene m'è diletto.

---

17 GILCHRIST, A. *The Life of William Blake*. Mineola: Dover Publications, 2017, p. 3.

Tão grande é o bem que espero
Que toda dor me traz prazer[18]

Esse era um verso de amor trovador geralmente cantado para a dama do castelo, mas Francisco passou a espiritualizá-lo e a mostrar como se parecem o amor de Deus e o amor humano, sendo que diferem apenas no objeto. O estudioso Rosalind Brooke escreve que os romances e canções de amor cortês que Francisco gostava e cantava quando menino se tornaram para ele canções e histórias dirigidas a Deus. Às vezes, como neste caso, ele até desempenhou o papel de trovador de Deus. Certa vez, ele disse a um irmão que fora famoso como trovador: "Frei Pacífico, quando pregares, entoa para o povo 'O Cântico das Criaturas', dizendo: 'Somos menestréis de Deus e como cachê por essa apresentação, queremos que vivais em verdadeira penitência'"[19].

A música, a história e o espírito de diversão habitam e formam a sabedoria e o ensinamento franciscanos. A história, especialmente, é em si uma espécie de diversão, mesmo quando a mensagem da história é sombria ou triste.

Histórias são uma maneira de conhecer. Se registram um acontecimento real ou inventado, elas nos ajudam a conhecer, em um caso único e individual, a condição humana em sua simplicidade e complexidade, seus esforços e vitórias e derrotas, e em suas tristezas e alegrias. Histórias do tipo "e se", quando verdadeiras à razão e à experiência, contam-nos tanto sobre alguém ou algo quanto um relato real. De fato, até mesmo um acontecimento real já é transformado em história quando alguém nos narra o que aconteceu.

---

18 FORTINI, A. *Francis of Assisi*. Nova York: Crossroad, 1981, p. 550.
19 BROOKE, R. *The Image of St. Francis: Responses to Sainthood in the Thirteenth Century*. Cambridge: Cambridge University Press, 2006, p. 15-16.

Portanto, se a história contada realmente aconteceu ou foi inventada, a história é sua própria verdade e funciona ou não, dependendo da habilidade, da percepção e do conhecimento que o narrador possui ou não.

Nós nos perguntamos: essa história é crível? São Francisco teria realmente tido esse tipo de diálogo com Leão, por exemplo, na história da Alegria Perfeita? E as falas de São Francisco condizem com o que sabemos dele a partir de seus próprios escritos e/ou de outro conhecimento histórico ou hagiográfico das fontes mais próximas do tempo e ambiente dos primeiros frades?

Quando comecei a recontar a famosa história da Alegria Perfeita, usando uma tradução moderna em inglês de *The Little Flowers of St. Francis* [literalmente: "As Pequenas Flores de São Francisco", os Fioretti], eu sabia que deveria ser fiel à verdade básica da história dos *Fioretti*. A história resistiu ao teste do tempo e só pode ser alterada de tempos em tempos para o ouvido contemporâneo.

É assim que um personagem histórico cresce e ressuscita, um resgate do passado, mantendo a história original fiel à sua primeira narrativa. O mesmo vale para as histórias engraçadas contadas sobre São Francisco e os primeiros irmãos, as trapalhadas dos "santos bobos[20]" que às vezes nos parecem loucos, talvez porque nos tornamos muito sérios para nos permitir ser "bobos" nos caminhos de Deus.

O humor, a bobice e a brincadeira das histórias franciscanas são possíveis porque Francisco e seus primeiros irmãos já haviam experimentado como a conversão e a reviravolta são *as* bobices

---

[20] A escolha da palavra "bobo" na tradução de *"fool"*, inspira-se em Clarice Lispector, *Das vantagens de ser bobo*: "Os bobos, com todas as suas palhaçadas, devem estar todos no céu. Se Cristo tivesse sido esperto não teria morrido na cruz. [...] Os espertos ganham dos outros. Em compensação os bobos ganham a vida. Bem-aventurados os bobos porque sabem sem que ninguém desconfie. Aliás não se importam que saibam que eles sabem" [N.T.].

nos olhos daqueles que não têm olhos para ver ou ouvidos para ouvir. Eles desistiram de tudo para seguir os passos de Cristo. E, portanto, nada mais é tão importante, especialmente a hipocrisia de manter uma fachada falsa para impressionar os outros ou a energia necessária para inflar a própria importância. Essa loucura ou bobice é a verdadeira sabedoria. Como São Paulo disse dramaticamente em sua Primeira Carta aos Coríntios:

> De fato, irmãos, reparai em vós mesmos, os chamados: não há entre vós muitos sábios de sabedoria humana, nem muitos poderosos, nem muitos de família nobre. Mas o que para o mundo é loucura, Deus o escolheu para envergonhar os sábios, e o que para o mundo é fraqueza, Deus o escolheu para envergonhar o que é forte
> (1Cor 1,26-27).

E então, no que é quase um retrato dos primeiros franciscanos, São Paulo continua:

> Deus escolheu o que no mundo não tem nome nem prestígio, aquilo que é nada, para assim mostrar a nulidade dos que são alguma coisa. Assim, ninguém poderá gloriar-se diante de Deus. É graças a Ele que vós estais em Cristo Jesus, o qual se tornou para nós, da parte de Deus, sabedoria, justiça, santificação e libertação, para que, como está escrito, "quem se gloria, glorie-se no Senhor"
> (1Cor 1,28-30).

É nesse espírito que São Francisco era brincalhão e bobo, porque ele brincava e porque se fazia de bobo. Sua visão é outra. Sua é a visão de Hagia Sophia, da Santa Sabedoria, tocando nos campos do Senhor. Foi ela quem levou Francisco a lamber os lábios quando dizia "Bebezinho de Belém", como se estivesse saboreando as palavras. Ele também dizia a palavra "Belém" (*Bettleme* em italiano), fazendo parecer o balido de um cordeiro. *Sophia* [Sabedoria] é o motivo de ele pregar aos pássaros e eles não voarem para longe, mas ouvi-lo enquanto esticavam os pescoços e batiam as asas fitando-o com os bicos abertos e não voavam até que ele fizesse o sinal da cruz sobre eles e os dispensasse. *Sophia* é o motivo por que, quando sonhava com uma galinha preta com muitos pintainhos para manter sob as asas, dizia a seus irmãos: "Eu sou essa galinha porque sou pequeno em estatura e negro e porque devo ser simples como uma pomba e voar para o céu nas asas da virtude".

Sophia é o porquê de ele comparar um frade à irmã Cotovia dizendo que ela tinha um capuz como um frade e é um pássaro humilde que procura qualquer grão, mesmo no lixo, e agradavelmente louva a Deus e alcança o céu, mesmo que sua plumagem seja cor da terra. É por isso que quando uma cigarra pulou em seu dedo, ele começou a acariciá-la com a outra mão, dizendo: "Canta, Irmãzinha Cigarra", e a cigarra cantou por bem uma hora enquanto Francisco harmonizava cantando louvores a Deus. Sua Sophia é o motivo pelo qual, quando ele encontrou uma amendoeira e disse: "Irmã Amendoeira, fala comigo de Deus", a amendoeira floresceu.

Histórias sentimentais? Ou seriam histórias nascidas de uma radical elevação das expectativas usuais dos chamados "sábios"? Essas histórias, e muitas mais, não seriam realmente o resultado de uma conversão que fez de um líder entre os foliões de Assis um bobo que zomba da importância do líder e o faz rir de si mesmo, se ele é tão sábio para fazer isso. São histórias de uma alma completamente livre de encargos e que pode até brincar com os animais, os peixes e as plantas, um homem que, como disse Coleman Barks, o tradutor de Rumi para o inglês, certa vez, ficou tão leve que os pássaros vieram e descansaram em seus ombros .

Canta, Francisco, canta! Brinca nos campos do Senhor!

A SABEDORIA DE SÃO FRANCISCO

São Francisco afirmava que o remédio mais seguro contra as mil insídias e astúcias do inimigo é a alegria espiritual. Ele costumava dizer: "O demônio exulta, acima de tudo, quando pode surrupiar ao servo de Deus a alegria do espírito. Ele leva um pó que possa jogar, o mais possível, nas pequenas frestas da consciência e sujar a candura da mente e a pureza da vida. Mas, quando a alegria espiritual enche os corações, em vão a serpente derrama o veneno letal".

Tomás de Celano, *Segunda vida de Francisco*, 125

Sempre que sou tentado ou estou abatido, ao considerar a alegria do meu companheiro, imediatamente, por causa da alegria dele, volto da tentação e do desânimo para a alegria interior e exterior.

Espelho da perfeição, 96

Portanto, meus irmãos, já que a alegria espiritual provém da limpidez do coração e da pureza da oração constante, deveis esforçar-vos sobretudo por adquirir e conservar estas duas virtudes, para que interior e exteriormente possais ter a mesma alegria que tanto desejo e gosto de descobrir e de sentir em mim e em vós, para a edificação do próximo e vergonha do inimigo. Afinal, a ele e a seus sequazes convém estarem tristes, a nós, porém, alegrar-nos sempre no Senhor e exultar.

Espelho da perfeição, 95

O ENSINAMENTO DOS ENSINAMENTOS

O amor

> *Tu ó Graça abundante, me animando,*
> *Olhos fitar ousei na luz eterna,*
> *A visão almejada consumando.*
>
> *E lá na profundeza vi que se interna*
> *Unido pelo amor num só volume*
> *O que pelo universo se esquaderna:*
> *[...]*
> *E essa Luz tal efeito produzia,*
> *Que em deixá-la por ver dif'rente aspeto*
> *Consentir impossível me seria:*
>
> *Que o Bem da sua aspiração objeto,*
> *Todo está nela; é tudo lá perfeito,*
> *Como fora de lá tudo é defeto*
> (DANTE. Divina Comédia, Paraíso,
> Canto XXIII, 82-87; 100-105).

O amor é o ensinamento por trás de todos os ensinamentos de São Francisco. E é Santo Agostinho quem melhor resume "por que" e "como" Francisco, filho de Bernardone, tornou-se Francisco, filho de Deus, Francisco, santo. Em suas *Confissões*, Santo Agostinho escreve:

> Tarde vos amei, Beleza tão antiga e tão nova, tarde vos amei! Eis que estáveis dentro de mim, e eu lá

fora, a vos procurar! Eu, disforme, me atirava à beleza das formas que criastes. Estáveis comigo, e eu não estava em Vós. Retinham-me longe de Vós aquilo que nem existiria se não existisse em Vós. Vós me chamastes, gritastes por mim, e vencestes minha surdez. Brilhastes, e vosso esplendor afugentou minha cegueira. Exalastes vosso perfume, respirei-o, e suspiro por Vós. Eu vos saboreei, e agora tenho fome e sede de Vós. Tocastes-me, e o desejo de vossa paz me inflama (livro X, cap. 27).

Houve um momento decisivo em que Francisco percebeu que era a Deus que ele tentava amar? E teria sido uma experiência como a de Santo Agostinho, na qual percebeu que Deus sempre esteve lá o amando, embora só agora ele percebesse?

Pode ter sido quando Francisco ouviu a voz do Senhor em Espoleto, quando estava a caminho de Apúlia para lutar no exército papal daquele lugar. Foi nesse sonho que ele ouviu uma voz dizendo:

"Francisco, o que é melhor, servir ao senhor ou ao servo?"

"Ora, senhor, ao senhor, é claro."

"Então por que estás a servir o servo? Volta para Assis e te será mostrado o que deves fazer.

E Francisco volta para casa em Assis, um covarde que parece fugir da batalha.

Ou teria sido quando Francisco estava entre leprosos que encontrou Deus o amando em um lugar tão inesperado entre aqueles que o repugnavam anteriormente?

Ou teria sido quando ele estava vagando pelo campo perdido quanto ao que deveria fazer com sua vida e ouviu a voz da cruz na igreja abandonada de São Damião: "Francisco, vai e restaura minha casa, que, como vês, está caindo em ruínas"?

Sempre, e em qualquer circunstância, Francisco se apaixonava pelo amor que é Amor Infinito, um amor que o fazia gritar: "Pela suave e ardente força de vosso amor, desafeiçoai-me de todas as coisas que debaixo do céu existem, a fim de que eu possa morrer por vosso amor, ó Deus, que por meu amor vos dignastes morrer"[21].

Uma mudança tão radical de uma vida ensimesmada para uma vida voltada para o Outro marcou sua articulação pública quando Francisco foi chamado perante o Bispo de Assis e reuniu cidadãos para resolver suas diferenças com o pai e devolver a Pedro Bernardone o dinheiro arrecadado por Francisco, da venda dos tecidos de seu pai e de um de seus cavalos. Naquele momento, Francisco já havia dado o dinheiro ao sacerdote de São Damião para o reparo da igreja, algo recusado pelo sacerdote por medo de Bernardone. Francisco também se recusou a aceitar o dinheiro como seu, mas o deixou no parapeito da janela da igreja.

Então, teria sido quando Francisco colocou todos os bens que tinha aos pés de seu pai e depois se despiu das roupas que vestia e ficou nu, pronto para seguir o Cristo que estava pendurado na cruz despido de suas próprias roupas? Pois foi então que Francisco proclamou a todos que ouviam: "Até agora chamei Pedro Bernardone de meu pai, mas a partir de agora direi: 'Pai nosso que estais nos céus'". Seria esse o momento em que Francisco percebeu que ele pertencia a Deus?

No "Paraíso" da *Divina comédia*, Dante reimagina esse evento como o momento do casamento de Francisco com a Senhora Pobreza, que havia sido a esposa de Cristo setecentos anos antes, a única que subiu à cruz com Jesus. Desta senhora, Dante escreve:

> Contra seu pai, adolescente, em guerra
> Entrou por dama, a quem bem como à morte,
> Ninguém a porta com prazer descerra.

---

21 Atribuido a São Francisco por Bernardino de Sena e Ubertino de Casale.

> Então da Igreja a recebeu na corte,
> E *coram patre*, por esposa amada
> E amor votou-lhe cada vez mais forte (Paraíso XI,58-63).

A implicação é que ninguém fora atraído pela tão bela Senhora Pobreza desde o momento em que Cristo a abraçou na cruz até que aparecesse Francisco, um cavaleiro digno de levá-la para si, casando-se com a pobre esposa viúva de Cristo. Dante se volta para a tradição do amor cortês medieval e o espiritualiza, fazendo de Francisco um cavaleiro espiritual da Távola Redonda do Senhor.

Um documento franciscano muito antigo, *Sacrum Commercium*, ou *Aliança Sagrada*, aborda esse tema na linguagem da alegoria. Este precioso texto começa com palavras que lembram São João da Cruz e o Cântico dos Cânticos da Bíblia: "Aplicadamente, como um explorador curioso, [Francisco] começou a rondar pelos becos e praças da cidade, procurando diligentemente a que era a amada de sua alma. Interrogava os que estavam parados, perguntava aos que chegavam, dizendo: "Será que não vistes aquela que minha alma ama?" (cap. 1).

Esse tipo de linguagem e imagem da pobreza franciscana faz da pobreza e da penitência um empreendimento alegre, o alegre cavaleiro Francisco, percorrendo o campo como a personificação do bom cavaleiro cujas virtudes são as de um cavaleiro da nova Mesa Redonda do Senhor . Pobreza e penitência, então, não são assunto sombrio, mas o tipo de bravura que um cavaleiro faria para impressionar a Dama do Castelo, rolando em arbustos de sarça no meio do inverno para mostrar-lhe sua fidelidade. Isso dá o tom da Ordem Franciscana primitiva com a cavalaria e a aventura da Busca, uma batalha espiritual, desencadeada por um profundo e permanente amor por Cristo, o Senhor, cujo autoesvaziamento é simbolizado pela Senhora Pobreza, que era a vestimenta de Cristo.

E como Francisco já é poeta e cantor, ele também se torna um cavaleiro-trovador medieval que canta os louvores a Deus que o enviou pelo mundo, assim como Jesus foi enviado do seio da Trindade para revelar o infinito amor de Deus por suas criaturas. Um exemplo de Francisco, o trovador, é o "Louvor de Deus" que ele cantou em 1224, dois anos antes de sua morte enquanto estava no Alverne, a montanha sagrada onde recebeu os sagrados estigmas de Cristo.

Receber os estigmas de Cristo foi uma experiência semelhante à unção divina do bom cavaleiro. O Senhor a quem Francisco amou tardiamente agora o marcou com suas próprias feridas, um símbolo da identificação de Francisco com o Cristo pobre e crucificado. Foi no Monte Alverne que Francisco se emocionou a cantar esta canção em forma de mantra do amante, uma ladainha de amor e de louvor:

> Vós sois santo, Senhor Deus único, que fazeis maravilhas.
> Vós sois forte,
> Vós sois grande,
> Vós sois altíssimo,
> Vós sois rei onipotente,
> Vós Pai Santo, rei do céu e da terra.
>
> Vós sois trino e uno, Senhor Deus dos deuses,
> Vós sois o bem, todo bem, o sumo bem, Senhor Deus vivo e verdadeiro.
>
> Vós sois amor, caridade;
> Vós sois sabedoria,
> Vós sois humildade,
> Vós sois paciência,
> Vós sois beleza,
> Vós sois mansidão,
> Vós sois segurança,

Vós sois descanso,
Vós sois gozo,
Vós sois nossa esperança e alegria,
Vós sois justiça,
Vós sois temperança,
Vós sois toda nossa riqueza e satisfação.

Vós sois beleza,
Vós sois mansidão,
Vós sois protetor,
Vós sois guarda e defensor nosso;
Vós sois fortaleza,
Vós sois refrigério.

Vós sois nossa esperança,
Vós sois nossa fé,
Vós sois nossa caridade,
Vós sois toda doçura nossa,
Vós sois nossa vida eterna:

Grande e admirável Senhor, Deus onipotente, misericordioso Salvador.

Nesses "Louvores ao Senhor Deus Altíssimo" está contida a experiência de Deus em Francisco. É esse o Deus que ele tão tardiamente amou e procurou: "Ó Deus, esta é vossa música, vós que sois a beleza tão antiga e sempre nova. Tarde eu vos amei". E através de tudo isso, Francisco tentou devolver um amor tão incrível, uma resposta de amor que, Francisco sendo Francisco, era um amor grande, embora humilde. Assim cantava no final de seu "Cântico das Criaturas", que devemos louvar a Deus *com grande umilitate*, com grande humildade, não uma humildade insignificante e frágil, mas uma grande humildade paradoxalmente grande. Apesar de toda a sua pequenez e humildade, havia em Francisco algo grandioso, um coração magnânimo e cheio de generosidade.

Depois que Francisco conheceu o amor de Deus, ele também soube o que Santo Agostinho colocou tão lindamente. "Eis que estáveis dentro de mim, e eu lá fora, a vos procurar! Eu, disforme, me atirava à beleza das formas que criastes". Esse é o significado da conversão: perceber que todos os amores e desejos eram realmente amor mal direcionado; o que realmente se desejava era Deus, o Deus que esteve lá com você o tempo todo, dentro de você e nas coisas amáveis que Deus criou e que você confundia com Deus. Confundia a criatura com o Criador, o próprio Criador que as tornou belas e sua própria imagem.

E assim começou o longo itinerário de Francisco em Deus, que a cada passo ao longo do caminho era pontuado pelo aprendizado repetido de outra verdade que Santo Agostinho articula no início de suas *Confissões* : "Fizestes-nos para Vós e inquieto está o nosso coração enquanto não repousa em Vós" (cap. 1).

Esse itinerário envolveu aprender a amar novamente as coisas da criação, seu amor sendo constantemente purificado pelo amor abrangente de Deus. Foi como um retorno ao Jardim do Éden, buscando de maneira tão cavalheiresca repetidamente restaurar o Paraíso que os humanos haviam destruído. A jornada em direção a Deus é uma jornada de retorno, para uma inocência original que nunca recuperamos completamente, mas onde uma espécie de semiparaíso acontece quando o amor se transforma em caridade. Esse é o mais alto de todos os amores, que Cristo definiu como o amor a Deus e amor ao próximo, o amor total de Deus levando ao verdadeiro amor ao próximo e o verdadeiro amor ao próximo levando ao amor a Deus.

Ama a Deus e faz o que quiseres, diz Santo Agostinho, pois o amor é seu próprio mandamento. Foi isso que São Francisco assumiu e viveu. Ele pecou, como todos os seres humanos, mas após sua conversão, sempre soube quando pecou porque o mandamento do Amor o levava de volta ao Amor divino que sustentava tudo o que ele era e fazia. Não era tanto o medo de punição a motivar Francisco, mas o seu compromisso com quem ele amava, Jesus Cristo. Separar-se de Cristo seria *o* pecado de Francisco. Se ele temesse alguma coisa, teria traído a Cristo, o amor de sua vida. E Francisco manteve firme seu compromisso com Cristo até o fim de seus dias.

Francisco tinha consciência de que estava morrendo. Um médico amigo de Arezzo veio visitá-lo e disse que, com a graça de Deus, tudo ficaria bem. Mas Francisco sabia que seu amigo estava tentando fazê-lo se sentir melhor em sua exaustão e aguda dor. Então ele disse em resposta: "Por favor diz a verdade. Se eu vivo ou morro, não faz diferença para mim. Eu só quero fazer a vontade de Deus".

"Bem, então querido irmão Francisco, como médico, tenho de dizer que tua doença é incurável e, como teu amigo, preciso dizer ainda mais que acredito que morrerás no final de setembro ou no início de outubro".

Francisco estava em êxtase! Levantou os braços em direção ao céu e disse: "Bem-vinda, irmã Morte!"

E quando esse momento finalmente chegou, no início de outubro, Francisco chamou Frei Ângelo e Frei Leão para virem para onde ele estava deitado no chão e cantarem para ele "O Cântico das Criaturas". E eles o fizeram, mesmo quando suas vozes pareciam soluçar. E quando terminaram, Francisco, mesmo em sua fraqueza, cantou um verso final que compôs espontaneamente:

> Louvado sejas, meu Senhor,
> Por nossa irmã a Morte corporal, da qual homem algum pode escapar. Ai dos que morrerem em pecado mortal!
>
> Felizes os que ela achar conformes à tua santíssima vontade,
> Porque a morte segunda não lhes fará mal! Louvai e bendizei a meu Senhor, e dai-lhe graças, e servi-o com grande humildade.

Sua própria música definia o amor para ele. Era viver e estar na mais santa vontade de Deus. E Francisco aprendeu com as próprias palavras de Cristo nos Evangelhos qual é a vontade de Deus para aqueles que o amam. Devem alimentar os famintos, dar de beber aos que têm sede, acolher o estrangeiro, vestir os nus, visitar os doentes e os que estão na prisão. E eles devem fazer tudo isso por amor ao seu amor, que fez o mesmo por nós quando caminhou entre nós.

Lembrou-se de quando esteve com fome e com sede, e como um estranho, e nu, doente e na prisão. E havia aqueles que lhe deram comida e água, e acolheram a ele e aos irmãos quando estavam na estrada, e aqueles que o visitaram quando doente, e queriam visitá-lo na prisão e não puderam.

O amor é algo do coração, pensa Francisco, mas amar é agir e viver a vontade de Deus revelada em Jesus Cristo e naqueles que o amam. Quão simples é tudo quando se ama o Senhor... E foi bom, e finalmente ele fez o que deveria ser feito. E rezou para que os irmãos fizessem agora o que lhes cabia.

E foi assim que Francisco morreu. Era noite de 3 de outubro de 1226, vigésimo ano de sua conversão. Depois que os irmãos deitaram o Pai, o filho do comerciante de roupas, no chão coberto com um pano áspero e retorcido, pediu que os espalhassem sobre ele poeira e cinzas. Então, em voz baixa, mas determinada, ele, trovador de Deus até o fim, começou a entoar o Salmo 142, e os irmãos se uniram a ele em oração. Certas frases trouxeram uma luz e alegria repentinas a seus olhos agora escurecidos pela cegueira, e ele as saboreava e as mantinha mais no coração:

> Com minha voz eu clamo ao Senhor, com minha voz eu suplico ao Senhor;
>
> [...]
>
> Clamo a ti, Senhor; digo: "És meu refúgio, és a minha porção na terra dos vivos".
>
> [...]

> Retira-me da prisão, para que eu celebre teu nome;
> os justos vão me rodear quando me mostrares tua
> bondade.

E Jesus estava lá ouvindo-o, chamando-o, libertando-o de sua derradeira prisão, e ele estava finalmente livre para amar Aquele que era o desejo de seu coração.

E quando sua alma alçou seu belo voo, uma revoada de cotovias pousou na cabana onde o corpo de Francisco não estava mais distorcido de sofrimento e dor, mas leve e belo, parecendo um jovem apaixonado, dormindo feliz, sonhando com sua amada. E as cotovias começaram a cantar.

A espiritualidade de São Francisco não se refere tanto ao ato heroico, mas ao amor heroico com o qual é feito até o menor ato. Isso é muito claro na história da perfeita alegria por excelência. Não é o que Francisco e Leão suportam do irmão abusivo que conta. É, como Francisco diz a Leão, quando suportamos tais abusos e sofrimentos, "se nós todas estas coisas aguentarmos pacientemente e com alegria, pensando nas penas de Cristo bendito, as quais devemos aguentar por seu amor; ó Frei Leão, escreve que aqui e nisto está perfeita alegria!"

Francisco amava Cristo e queria morrer em seu amor, que é a encarnação de quão longe Deus pode chegar em seu amor por nós. Ele quer ser um com o Amado, mesmo em sua rejeição, sofrimento e morte injusta nas mãos daqueles por quem veio revelar a bondade e o amor de Deus. É apenas na dimensão do amor que a maravilhosa dimensão de que fala a mística moderna Simone Weil é salva de um tipo de masoquismo distorcido que enfatiza demais a cruz. Ela escreve:

> A aflição é uma maravilha da técnica divina. É um dispositivo simples e engenhoso que introduz na alma de uma criatura finita a imensidão de força, cega, brutal e fria. A distância infinita que separa

Deus da criatura está inteiramente concentrada em um ponto para perfurar a alma em seu centro. [...] Nessa maravilhosa dimensão, a alma, sem sair do lugar e do instante em que se situa o corpo ao qual está unida, pode atravessar a totalidade do espaço e do tempo e chegar à própria presença de Deus[22].

A aflição pode fazer exatamente o oposto e levar a alma a si mesma, se não houver também amor e desejo de conhecer a Deus. É o mistério da cruz de Cristo, a saber, não o que Cristo suportou, mas *por que* Ele suportou. O amor era a razão, um amor que era divino e, como tal, não apenas suportou aquelas três horas na cruz, mas o fez por amor, um amor que abraçava todo sofrimento humano. É a entrega completa de Cristo à vontade do Pai que revela a profundidade e a amplitude do amor de Cristo pelo Pai. E é quando podemos dizer essas palavras de Cristo: "Pai, em tuas mãos entrego meu espírito", que a aflição se torna a dimensão maravilhosa que nos leva à presença de Deus. Pois o amor é, em última análise, da vontade, a vontade de fazer a vontade de Deus sendo o ato final do amor.

Há também a dimensão de amar o que é divino. Francisco estava apaixonado por Deus. Como, então, ele se aproxima do Santíssimo, o Divino? Mesmo com amor no coração, ainda é a presença de Deus que o santo homem ou mulher está procurando entrar. Em uma passagem dos Oito Cadernos [*Die Acht Oktavhefte*] Franz Kafka escreve:

> Antes de pôr os pés no Santo dos Santos, deves tirar os sapatos, mas não apenas os sapatos, e sim tudo; deves tirar tuas roupas de viagem e deixar tua bagagem; e por baixo disso deves derramar tua nudez e tudo o que se esconde por baixo dela, e depois o núcleo e o núcleo do núcleo, depois o restante e depois o resíduo e até mesmo o brilho do fogo

---

22 WEIL, S. Waiting for God, Emma Craufurd trans. Nova York: Harper Collins, 2001, p. 81.

eterno. Somente o próprio fogo é absorvido pelo Santo dos Santos e deixa-se absorver por ele; nenhum pode resistir ao outro[23].

O fogo, claro, é um *dos* símbolos do amor, o coração inflamado de amor. Amor, amor, amor. Essa é a razão pela qual os santos fazem coisas que nos parecem estranhas. É por isso que Francisco às vezes parece exagerado em suas penitências e jejum: rolando na neve ou arbustos de espinheiro, por exemplo, para afastar as tentações, ou jejuando por quarenta dias, comendo apenas meio pedaço de pão e bebendo o mínimo de água, como Francisco disse ter feito uma Quaresma em uma ilha no Lago Trasimeno.

Em outra ocasião, ele preparou uma pequena cesta. E então, quando orou e ficou pensando na cesta em vez de se concentrar em Deus: saiu e destruiu a cesta. Parece uma coisa tão violenta de se fazer. Ele estaria pensando nas palavras de Jesus: "o Reino dos Céus sofre violência, e violentos procuram arrebatá-lo"? (Mt 11,12). Estaria pensando que não tinha sido forte o suficiente para subjugar seu próprio ego? Ou seria o medo de ter sido infiel ao Senhor da oração por não estar totalmente presente por causa da distração da cesta? Ou seria simplesmente a necessidade de Francisco estar unido em sua fidelidade à prática de estar presente a Deus? Seja qual for o motivo, é bom não tentar imitar os santos em suas excentricidades e até mesmo em suas práticas às vezes excessivas, especialmente se elas forem de outro tempo e lugar do que o nosso, com diferentes sensibilidades e maneiras de ser bom e piedoso. Precisamos lembrar de que os santos são heróis espirituais com uma enorme capacidade de amar.

Imitação servil não é santidade; santidade é aprender a amar a Deus em nosso próprio tempo e lugar, com nossas próprias sensi-

---

23 KAFKA, F. *The Blue Octavo Notebooks*. Cambridge: Exact Change, 1991, p. 39.

bilidades e maneiras de seguir os passos de Jesus com todo o nosso coração, mente e alma. Trata-se de fazer escolhas compatíveis com nossas próprias capacidades, nossa própria força e/ou fraqueza da mente e do corpo. Não precisamos ser loucos para sermos santos, mas estarmos apaixonados por Deus às vezes nos leva a fazer coisas que os outros consideram loucas ou desequilibradas.

Na vida de Francisco, foi o Salvador *crucificado* que falou com ele da cruz de São Damião e que ele viu nos leprosos. E foi pelo Salvador *crucificado* que ele se apaixonou. O sofrimento de Jesus o levou às lágrimas, e com dor e compaixão ele queria se juntar a Jesus em seu sofrimento para mostrar o quanto o amava. E, por vezes, fazia coisas "bobas" para demonstrar seu amor, para se manter concentrado e fiel ao Cristo que se revelou ao filho de um comerciante que desejava ser cavaleiro e acabou escolhendo ser um mendigo feliz que cantava canções de amar, viver e pregar o evangelho do amor de Deus, que se tornou real por ele nas palavras e na vida do Filho de Deus.

Sendo a condição humana o que é, o amor no final envolve uma escolha de amar o Amor que nos criou e nos redimiu, mesmo diante de aflições, abandono e morte. "E isso, Frei Leão, é perfeita alegria, um amor purificado pelo amor de Deus". Esse é o ensinamento secreto e perfeito de São Francisco de Assis.

A SABEDORIA DE SÃO FRANCISCO

E peço ao irmão enfermo que por tudo renda graças ao Criador; e que, da maneira como o Senhor quer, assim deseje estar, são ou enfermo, porque todos aqueles que Deus predestinou para a vida eterna (At 13,48), ensina-os por estímulos dos flagelos e das enfermidades com espírito de compunção.

Regra não bulada, 10

Altíssimo, glorioso Deus,
iluminai as trevas do meu coração,
dai-me uma fé reta,
uma esperança certa
e uma caridade perfeita;
sensibilidade e conhecimento, Senhor,
a fim de que eu cumpra
o vosso santo e veraz mandamento. Amém.

Oração diante do crucifixo

Como é glorioso, santo e sublime ter nos céus um Pai! Como é santo, consolador, belo e admirável ter tal esposo! Como é santo e dileto, muito aprazível, humilde, pacífico, doce, amável e acima de tudo desejável ter tal Irmão e tal Filho: Nosso Senhor Jesus Cristo, que expôs sua vida pelas ovelhas e orou ao Pai, dizendo: "Pai santo, guarda em teu nome aqueles que me deste no mundo" (Jo 17,11).

Carta a todos os fiéis

Pois se fosses tão sutil e sábio que tivesses toda a ciência e soubesses interpretar todos os gêneros de línguas e perscrutares com sutileza a respeito das coisas celestes, em nada disso te podes gloriar; [...] Igualmente, se fosses mais belo e mais rico do que todos e também se operasses maravilhas, de maneira a afugentares os demônios, tudo isso te é contrário, e nada te pertence e em nada dessas coisas podes gloriar-te; mas nisto podemos gloriar-nos: em nossas fraquezas e em carregar todos os dias a santa cruz de nosso Senhor Jesus Cristo.

Admoestações, 5

O servo de Deus deve satisfazer razoavelmente seu corpo no comer, no dormir e nas outras necessidades corporais, de modo que o irmão corpo não tenha motivo de murmurar.

Espelho da perfeição, 97

Meus irmãos, aconselho que cada um examine sua natureza, porque, embora alguns dentre vós possam sustentar-se com menos alimento do que outros, não quero que o que precisa de mais alimento o imite nisso, mas, examinando sua natureza, cada um dê a seu corpo o que necessita, para que possa servir ao espírito. Pois assim como devemos guardar-nos do alimento supérfluo, prejudicial ao corpo e à alma, da mesma forma, e até mais, devemos fugir da abstinência demasiada.

Espelho da perfeição, 27

E o Senhor me deu tão grande fé nas igrejas que, simplesmente, eu orava e dizia: "Nós vos adoramos, Senhor Jesus Cristo, aqui e em todas as vossas igrejas que há no mundo, e vos bendizemos, porque, pela vossa santa cruz, remistes o mundo".

Testamento

Quando o servo de Deus é visitado por Deus, enquanto reza, deve dizer: "Senhor, mandastes-me do céu esta consolação, a mim indigno e pecador, e eu a entrego à vossa guarda, porque sinto que sou ladrão de vosso tesouro". E quando volta da oração deve mostrar que é tão pobrezinho e pecador como se não tivesse conseguido nenhuma graça nova.

São Francisco em São Boaventura
Legenda Maior, 10,4

Bendigamos o Senhor
Deus vivo e verdadeiro;
rendamos-lhe sempre louvor,
glória, honra e bênção
e todos os bens.
Amém. Amém. Assim seja. Assim seja.

Ofício da paixão

Amemos todos, de todo o coração, com toda a alma, com todo o pensamento, com todo o vigor (cf. Mc 12,30) e fortaleza, com todo o entendimento (Mc 12,33), com todas as forças (cf. Lc 10,27), com todo o empenho, com todo o afeto, com todas as entranhas, com todos os desejos e vontades ao Senhor Deus.

Regra não bulada, 23

Deus, só ele é benigno,
inocente,
puro;
de quem e por quem e em quem está
todo perdão,
toda graça,
toda glória
de todos os penitentes e justos,
de todos os bem-aventurados que gozam juntos no céu.

Regra não bulada, 23

Nós todos
em todo lugar,
em toda hora
e em todo tempo,

todos os dias e continuamente
creiamos veraz e humildemente.

Regra não bulada, 23

Nada mais, portanto, desejemos,
nada mais queiramos,
nada mais nos agrade e deleite
a não ser o Criador e Redentor e Salvador nosso,
único verdadeiro Deus.

Regra não bulada, 23

Deus é o bem pleno,
todo o bem, o bem total, verdadeiro e sumo bem,
o unicamente bom,
manso, suave e doce,
o unicamente santo,
justo e verdadeiro,
santo e reto.

Regra não bulada, 23

Apêndice I

Cronologia

1182: São Francisco nasce em Assis, filho de Pedro Bernardone e Dona Pica.

1193: Santa Clara nasce em Assis, filha de Favarone e Ortolana da Casa de Offreduccio.

1198: Os cidadãos de Assis destroem a Roca Maior, a fortaleza que se erguia acima da cidade, um símbolo da soberania imperial.

1199-1200: A guerra civil em Assis resulta no estabelecimento de uma comuna.

1202 (novembro): Perúgia e Assis estão em guerra. Assis é derrotada em Ponte San Giovanni, perto da cidade de Collestrada. Francisco é prisioneiro de guerra por um ano em Perúgia.

1203-1204: Francisco é libertado e retorna a Assis. Sofre de uma longa doença em casa, em Assis, em 1204.

1205 (primavera): Francisco decide se juntar ao exército papal em Apúlia, ao sul de Roma. Tão logo viaja até a cidade vizinha, Espoleto, onde num sonho recebe a mensagem de que deve retornar para Assis.

1205 (outono): O crucifixo de São Damião fala a Francisco: "Vai e restaura minha casa, que, como vês, está caindo em ruínas".

Francisco leva alguns tecidos de seu pai a Foligno e os vende; ele dá o dinheiro ao sacerdote de São Damião, que o recusa por medo do pai de Francisco.

1206 (início do ano): O pai de Francisco o leva à corte do bispo no intuito de reaver seu dinheiro; Francisco devolve seus haveres, incluindo suas roupas e renuncia a seu pai diante do bispo e dos cidadãos reunidos, depois parte para Gubbio, onde visita um amigo e cuida dos leprosos.

1206 (verão e outono): Francisco retorna a Assis vestido de eremita e começa a reparar a igreja de São Damião.

1206-1208 (fevereiro): Francisco restaura São Damião, a pequena capela de São Pedro (que não está mais em pé) e a Porciúncula (Santa Maria dos Anjos).

1208 (24 de fevereiro): Na Porciúncula, Francisco ouve o Evangelho da Festa de São Matias e abraça a pobreza do Evangelho. Ele troca o cinto de couro por uma corda. E começa a pregar.

1208 (16 de abril): Bernardo de Quintavale e Pedro Catani se juntam a Francisco. Em 23 de abril, Egídio se junta a eles.

1208 (verão): Mais três irmãos se juntam ao grupo.

1209 (primavera): o número de companheiros de Francisco aumenta para onze. Francisco escreve uma breve Regra, e eles viajam para Roma, onde o Papa Inocêncio III aprova verbalmente a Regra de Francisco. Os irmãos se estabelecem em Rivotorto em seu retorno a Assis.

1209 ou 1210: Os irmãos se mudam para a igreja de Santa Maria dos Anjos, perto de Rivotorto, na planície abaixo de Assis. Francisco chama a igreja de "Porciúncula", pequena porção.

1211: Francisco planeja ir para a Síria, mas as borrascas arruínam seus planos.

1212 (18 ou 19 de março): Santa Clara, a primeira franciscana, é admitida à Ordem na Porciúncula. Primeiro ela segue para o mosteiro beneditino de São Paulo das Abadessas, em Bastia, e cinco dias depois se muda para Sant'Ângelo de Panzo, a casa de um grupo de mulheres penitentes perto de Assis. Várias semanas depois, o bispo de Assis, Guido, fornece a igreja de São Damião como mosteiro para Clara e suas companheiras, incluindo sua irmã Inês, que desde então se juntou a elas.

1215 (novembro): Francisco está em Roma durante o IV Concílio do Latrão. Ali conhece São Domingos.

1213-1215: As viagens missionárias dos irmãos. Francisco parte para a Espanha.

1216 (16 de julho): Falece o Papa Inocêncio III morre. Honório III o sucede.

1216 (verão): A indulgência plenária da Porciúncula (o perdão) é concedida por Honório III.

1217 (5 de maio): No Capítulo Geral da Porciúncula, os primeiros irmãos missionários são enviados a cruzar os Alpes e o Mediterrâneo.

1219 (maio): Os primeiros mártires franciscanos partem para o Marrocos. Francisco navega até Damieta no Egito.

1219 (outono): Francisco recebe acesso ao Sultão Malik-al-Kamil por mais de vinte dias. Os dois se tornam amigos.

1220: Francisco retorna à Itália e renuncia ao cargo de ministro geral da ordem. Pedro Catani é escolhido para substituí-lo.

1221: Morre Pedro Catani; Frei Elias é nomeado vigário geral.

1221: A regra dos Franciscanos Seculares da Terceira Ordem é aprovada pelo Papa Honório III.

1223 (29 de novembro): Honório III aprova a Regra de São Francisco.

1223 (Natal): Francisco celebra o Natal em Greccio com uma encenação ao vivo [nasce o presépio].

1224 (12 de agosto a 29 de setembro): Francisco, no jejum em preparação para a Festa de São Miguel Arcanjo, em 29 de setembro, recebe os estigmas sagrados por volta de 14 de setembro, Festa da Santa Cruz.

1225 (início): Francisco retorna a Assis e fica em uma cabana que Santa Clara construiu para ele ao lado do Mosteiro de São Damião.

1225 (março a maio): Francisco compõe o Cântico das Criaturas em São Damião. Sua doença ocular piora.

1225 (julho): Solicitado por Frei Elias e pelo Cardeal Hugolino (futuro Papa Gregório IX), Francisco vai a Fonte Colombo, perto de Rieti, para cauterizar os olhos.

1225: Francisco acrescenta ao Cântico das Criaturas uma estrofe sobre perdão e paz e pede a um dos irmãos que cante o cântico revisto ao bispo e prefeito de Assis em disputa. Os dois se reconciliam.

1226 (agosto-início de setembro): Com problemas de saúde, Francisco é levado ao palácio do bispo em Assis.

1226 (setembro): Percebendo que a morte se aproxima, Francisco insiste em ser levado para a Porciúncula. Ele abençoa Assis enquanto parte da cidade.

1226 (3 de outubro): Francisco morre na Porciúncula. Ele foi enterrado no dia seguinte em São Jorge, Assis, onde hoje a Basílica erguida em honra de Santa Clara substitui a antiga Igreja de São Jorge.

1227 (19 de março): o Cardeal Hugolino é eleito papa, sob o nome de Gregório IX.

1228 (16 de julho): Gregório IX canoniza São Francisco.

1230 (25 de maio): O corpo de São Francisco é transferido de São Jorge para a nova basílica construída em sua honra.

1253 (11 de agosto): Santa Clara morre em São Damião e é sepultada na Igreja de São Jorge, onde fora enterrado pela primeira vez o corpo de São Francisco.

1255 (12 de agosto): Alexandre IV canoniza Santa Clara em Anagni, ao sul de Roma.

Apêndice II

Uma breve vida de São Francisco

Ele nasce em 1182 na cidade da Úmbria de Assis e é batizado como João. No momento do seu batismo, seu pai estava fora em uma viagem de negócios à França; e ao retornar, muda o nome do menino para Francisco, isto é: o francês.

Fiel ao seu nome, o menino cresce apaixonado pela língua francesa e pelos contos de cavaleiros e damas do romance francês. É um jovem generoso e despreocupado que busca a boa vida com entusiasmo, festejando e festejando com os amigos. Mas durante toda a leveza de sua juventude, ele sonha em se tornar um cavaleiro, um empreendimento sério e sangrento. E quando começa uma guerra entre Assis e sua vizinha, Perúgia, Francisco tem a chance de partir para a guerra, na esperança de que seu valor lhe valha a cavalaria. Em vez disso, as tropas de Assis são derrotadas no primeiro conflito, e Francisco é capturado e feito prisioneiro de guerra em Perúgia.

Como poderia saber que este era o fim da guerra para ele, essa derrota humilhante de sua cidade natal? E como poderia saber que o ano de detenção em uma prisão perusina o mudaria tão profundamente? Com apenas 21 anos, Francisco volta para casa em Assis, um homem destruído, para convalescer por um ano. O jovem mais rico de Assis, Francisco passa um ano na prisão, depois mais um ano de cama. Seus companheiros o apelidaram de rei dos foliões: Francisco, filho do comerciante de roupas Pedro Bernardone e da francesa Dona Pica. E agora não há deleites para ele. Em vez disso, ele está aprisionado nos efeitos de sua experiência em batalha, uma batalha que o deixou destruído, tanto física como psicologicamente.

Quando começa a melhorar, ele acredita que sua cura virá conquistando seu medo e voltando ao seu cavalo de guerra. Ele decide ir para a guerra novamente como um cavaleiro no exército papal lutando contra as forças do sacro imperador romano, mas Deus tem outros planos. Numa visão, o Senhor diz a Francisco para retornar a Assis, onde lhe será revelado o que deve fazer. E assim Francisco se retira da guerra, voltando para casa mais uma vez, desta vez parecendo um covarde que desertou antes mesmo de chegar à batalha. Ele percorre o campo sentindo-se perdido e abandonado; e visita igrejas abandonadas. Então, um dia, enquanto orava diante do crucifixo da pequena capela em ruínas de São Damião, fora dos muros de Assis, ele recebe seu chamado de Deus. Do crucifixo vem a voz mais uma vez: "Francisco, Vai e restaura minha casa, que, como vês, está caindo em ruínas".

Francisco deve construir e reparar, não derrubar com as armas de destruição. Ele começa a mendigar por pedras e repara com as próprias mãos a capela degradada de São Damião, que é a "casa" que Francisco acredita que sua visão se refere. É essa casa, essa pequena igreja, mas é muito mais. É a casa maior, a própria Igreja de Cristo, que ele deve reparar.

Francisco aprende essa implicação maior da visão um dia, quando vê um leproso na estrada e pula impulsivamente do cavalo, dá moedas ao leproso e o abraça. Inacreditavelmente, ele não sente nojo, mas uma alegria plena, pois percebe que, no leproso, abraçou seu Senhor Jesus Cristo.

E Francisco vive entre os leprosos, servindo-lhes e aprendendo com eles. Ele percebe que é neste lugar que estão as pedras vivas; e, juntos, estão construindo o Reino de Deus na terra. É aí que Deus está: entre os rejeitados, os desprezados, os pobres.

Assim começa a reconstrução franciscana da Igreja. Outros logo se juntam a Francisco e se tornam uma fraternidade, e a Igreja aprova seu modo de vida para viver com os pobres como homens pobres que observam o Santo Evangelho de todo o coração.

Francisco e os irmãos pregam e trabalham com as mãos para o pão diário; e quando nada recebem pelo trabalho, esmolam por comida. Eles continuam a viver com os leprosos, fazendo misericórdia com eles e construindo a paz e a reconciliação entre eles, todas as pessoas e toda a criação, reconciliando-se com sua própria aversão aos leprosos. Eles os abraçam, em vez de fugir.

As mulheres vêm se juntar a eles; a primeira é Clara, filha do cavaleiro Favarone di Offreduccio. E o bispo de Assis dá a Clara e suas companheiras, como seu claustro, a igreja outrora abandonada de São Damião, a igreja que o próprio Francisco restaurou com suas mãos sob o comando de Cristo. Lá vivem em extrema pobreza evangélica na contemplação do Cristo pobre e crucificado. Trabalham com as próprias mãos e dependem das esmolas dos irmãos para seu sustento. Elas oram e servem aos doentes que são trazidos à sua porta.

Enquanto isso, Francisco está expandindo o ministério dos irmãos além de Assis para toda a Itália e além. Ele mesmo, com um ou dois irmãos, faz viagens missionárias pregando a conversão e o perdão, que vê como *o* meio de pacificação. Ele viaja para Espanha, França, Suíça, Dalmácia e até a Síria, a Terra Santa e o Egito durante a Quinta Cruzada. Quer ser um pacificador entre cristãos e muçulmanos, chegando ao ponto de entrar no campo do sultão, novamente pregando a conversão de coração e perdão. O sultão o acolhe e dá a Francisco uma passagem segura por seu reino.

Os mundos animal e vegetal também recebem o amor compassivo de Francisco. Ele alcança e reverencia todas as coisas criadas.

Ele prega para os animais, pássaros e peixes. Ele abraça e domestica o lobo voraz de Gubbio.

Ele prega sempre o Deus-homem, Jesus Cristo. Francisco tenta torná-lo visível e tangível, como quando, três anos antes de sua morte, ele celebra a missa da meia-noite com animais vivos para recriar o primeiro Natal, popularizando assim a tradição do presépio.

No ano seguinte, enquanto Francisco está em profunda oração no Monte Alverne, na Toscana, ele recebe os sagrados estigmas, as cinco chagas de Cristo, tornando-se uma imagem visível de seu Senhor crucificado.

Ele então retorna a Assis, à igreja de São Damião, onde Clara e suas irmãs construíram um pequeno edifício ao lado da igreja onde Cristo falou com ele do crucifixo. Dois meses depois, ele entoa seu "Cântico das Criaturas", seu "canto do cisne" que resume sua vida e atesta a paz, a alegria e a integração que uma vida de amor e perdão pode trazer. Ele canta todas as criaturas como seus irmãos e irmãs e pede que elas se perdoem se elas quiserem ser coroadas por Deus. Ele então acolhe até mesmo a morte como sua irmã e a abraça. Ele tem quarenta e quatro anos. O ano é 1226.

O homem que desejava ser cavaleiro, homem de guerra, morre homem da paz, pacificado com Deus, consigo mesmo e com toda a criação. Deus mudou seu coração, e seu coração mudado muda o mundo.

LEIA TAMBÉM:

A felicidade das pequenas coisas

Anselm Grün

A insatisfação com as coisas ou com outras pessoas geralmente tem uma causa mais profunda: a insatisfação com a própria vida. Você se concentra em tudo que não vai bem. Você tem sempre algo a reclamar. Claro, sempre há razões pelas quais você pode estar insatisfeito. E há coisas no relacionamento, na empresa, na história da própria vida que não são fáceis de aceitar. Mas isso também depende da sua atitude interior, de como você reage ao que confronta. Já a pessoa satisfeita concorda com a vida. Também já se queixou, já foi insatisfeita, mas rapidamente se acostumou e disse sim a tudo.

Nesse livro, Anselm Grün irá ponderar sobre os tipos de satisfação, o bem-estar perante a vida e aquela satisfação restrita de quem se concentra em si mesmo. Observará como diferentes atitudes e condições podem nos levar à satisfação. Somos felizes se somos satisfeitos, se estamos em harmonia com nós mesmos e com nossas vidas. Outra atitude é o contentamento. Contentamento é também simplicidade. O frugal se contenta com uma vida simples, e a satisfação tem forma de gratidão. Quem é grato por aquilo que Deus lhe deu, grato pelo que tem hoje, está de bem com a vida.

Autor reconhecido no mundo inteiro por seus inúmeros livros publicados em mais de 28 línguas, o monge beneditino **Anselm Grün**, da Abadia de Münsterschwarzach (Alemanha), une a capacidade ímpar de falar de coisas profundas com simplicidade e expressar com palavras aquilo que as pessoas experimentam em seu coração. Procurado como palestrante e conselheiro na Alemanha e no estrangeiro, tornou-se ícone da espiritualidade e mestre do autoconhecimento em nossos dias. Tem dezenas de obras publicadas no Brasil.

LEIA TAMBÉM:

O livro da felicidade

Joan Chittister

Joan Chittister é beneditina, autora *best-seller* e palestrante conhecida internacionalmente. Já participou de diversos programas, incluindo o da renomada apresentadora americana Oprah Winfrey. É defensora da justiça, da paz e da igualdade, especialmente, para as mulheres do mundo todo, e é uma das mais influentes líderes sociais e religiosas do nosso tempo.

Escreveu vários livros que buscam entender o ser humano em perspectiva existencial e religiosa, com linguagem sempre atual e vivencial. Essa nova obra tem a felicidade como tema central.

Para Chittister, a felicidade não é um derivado da riqueza ou do sucesso, mas uma qualidade pessoal a ser aprendida, regida e destemidamente exercida. Porém muitos, erroneamente, acreditam que a felicidade resulta de ter bastante dinheiro, fama, conforto, sucesso mundano ou até pura sorte.

Ao longo dessas páginas, Chittister desenvolve "uma arqueologia da felicidade" enquanto conduz uma "escavação" através da sociologia, biologia, neurologia, psicologia, filosofia, história e religiões, oferecendo *insights* inspiradores que ajudarão peregrinos de todos os lugares a aprenderem a cultivar a verdadeira e duradoura felicidade dentro de si mesmo.

Joan Chittister é autora também de *Para tudo há um tempo* e *Entre a escuridão e a luz do dia*, ambos publicados pela Editora Vozes.

Esse livro é uma ótima opção de presente para o Natal!!

CULTURAL

Administração
Antropologia
Biografias
Comunicação
Dinâmicas e Jogos
Ecologia e Meio Ambiente
Educação e Pedagogia
Filosofia
História
Letras e Literatura
Obras de referência
Política
Psicologia
Saúde e Nutrição
Serviço Social e Trabalho
Sociologia

CATEQUÉTICO PASTORAL

Catequese
Geral
Crisma
Primeira Eucaristia

Pastoral
Geral
Sacramental
Familiar
Social
Ensino Religioso Escolar

TEOLÓGICO ESPIRITUAL

Biografias
Devocionários
Espiritualidade e Mística
Espiritualidade Mariana
Franciscanismo
Autoconhecimento
Liturgia
Obras de referência
Sagrada Escritura e Livros Apócrifos

Teologia
Bíblica
Histórica
Prática
Sistemática

VOZES NOBILIS

Uma linha editorial especial, com importantes autores, alto valor agregado e qualidade superior.

REVISTAS

Concilium
Estudos Bíblicos
Grande Sinal
REB (Revista Eclesiástica Brasileira)

VOZES DE BOLSO

Obras clássicas de Ciências Humanas em formato de bolso.

PRODUTOS SAZONAIS

Folhinha do Sagrado Coração de Jesus
Calendário de mesa do Sagrado Coração de Jesus
Almanaque Santo Antônio
Agendinha
Diário Vozes
Meditações para o dia a dia
Encontro diário com Deus
Guia Litúrgico

CADASTRE-SE
www.vozes.com.br

EDITORA VOZES LTDA.
Rua Frei Luís, 100 – Centro – Cep 25689-900 – Petrópolis, RJ
Tel.: (24) 2233-9000 – Fax: (24) 2231-4676 – E-mail: vendas@vozes.com.br

UNIDADES NO BRASIL: Belo Horizonte, MG – Brasília, DF – Campinas, SP – Cuiabá, MT
Curitiba, PR – Fortaleza, CE – Juiz de Fora, MG – Petrópolis, RJ – Recife, PE – São Paulo, SP